大夏书系·教育艺术

DU DONG
CHUZHONGSHENG

读懂初中生

给初中教师的建议

冉乃彦　万巧丽　徐　娜◎著

华东师范大学出版社
ECNUP
全国百佳图书出版单位
·上海·

前　言

少年期是人生发展中极其重要的一个阶段，实际上是价值观、自我意识、思维发展等多方面的奠基期、关键期；而从教育工作的角度看，少年期（主要是初中阶段）的教育，又是一项极其困难的工作。

一个重要发展阶段，之所以变成了困难阶段，一方面是因为这个阶段各种矛盾聚集，产生了急剧的变化，成为客观上就比较复杂的成长阶段；另一方面是因为这个阶段时间短、变化快，容易被人们忽视。正像人们说的：初中教育不是铜头（高中）铁脚（小学），而是豆腐腰。

就是这个"豆腐腰"，使我们受到了极大的惩罚：不了解少年期，不重视初中教育，使得教育全过程被中断，甚至前功尽弃。教训是深刻的。

对人生发展的过程，我们三位作者重点关注的是少年期，因为原来就是初中老师。这几年又收集了国内外许多相关资料，力争写出一本高质量的书稿。

这本书，首先用比较多的笔墨分析了少年期的性质，以期引导读者走出误区。常见的误区主要有四个：

一是仍然把少年看作儿童。少年与儿童有着显著的不同，他们开始使用抽象思维，形成各种观念，探索和建立自己的信仰。这是一次精神的飞跃，但是表面上他们可能还有着儿童稚嫩的面孔，因此常常被成人误解。

二是不理解真正的"困难"是什么。教育上大多数棘手的、困难的问题，都同少年有关，因此少年期被称为是"困难"时期。它难在少年往往把独立性、主动性看作是自己的尊严，可是他们又眼高手低，常常还必须依赖外力。而成人对少年所进行的教育管理，却被少年看作是对自己独立性的限制。正确认识少年时期的这一特点，是成人有效地进行教育的前提。教育的艺术在于使少年不感到教育者的关心和爱护是强加在他们身上的东西。同时，成人对少年应当给予尽量多的，而且要比儿童时期更加严格的管教。

三是误解少年在顽固地坚持己见。即使少年的个人见解具有绝对化的特点，也不能把它看作是自以为是的表现。相反，少年经常试图用这种绝对性来掩饰自己的疑问和犹疑，把绝对性当作证明自己思想正确性的一种手段。有些教师认为，少年的固执是因为他不愿意承认自己不正确，不愿意改正自己的错误。乍看起来好像是这样，其实少年只是装作继续坚持自己的意见，一直在积极思考，在寻求正确的答案。对少年的观察表明，他对自己的错误感到十分难过，而且在他自尊感不断增强的情况下，要求他冷静地、深刻地批评自己的见解也是不合适的。

四是不尊重少年，导致他们逆反。如果有人对少年的自尊感不够尊重，少年就会用执拗甚至粗暴来回应他。没有比企图摧折少年的执拗态度和命令他服从更坏的事情了。少年由于受到侮辱变得暴躁起来，好像故意违反纪律。当少年对自己的缺点已经有某种程度的认识，而且正在努力克服自己的缺点时，如果父母和教师还一味地强调这些缺点，少年会感到非常难过。故意指责少年的缺点，甚至抱着一种讽刺的态度，则会刺伤少年的心，有时候会使他陷入悲观失望。我们要对少年持一种宽容态度，并努力使少年通过自我教育，改正自己性格上的这些缺点。

此外，少年情感不成熟。在少年对周围世界的态度中，在他的自我评价中，情绪起着很大的作用。少年从周围生活事物和现象中，感受到的思想、印象，比年龄较小的儿童要深刻得多，明朗得多。对某个人、某种现象、某个事件的肯定或否定的评价，常常是少年感情过分冲动的根源。

同时，少年对集体的向往，越来越带有自觉的性质。他们不仅像学龄早期那样，经常寻求精神交流，而且寻求思想上的一致，如思想、观点、信仰、智力兴趣、道德行为的一致。少年更加理解了人类的本质——不仅自主，而且合作。因此，集体的自我教育是少年成长的重要途径。

为了彻底走出误区，读者还需要耐心地从本书的分析中，找到准确的答案。这本书用了大量篇幅，从七个方面逐一介绍了少年期的重要特点：

〇身体发育的第二加速期；

〇性萌动开始；

〇从具体形象思维变为经验型的抽象思维；

○情感、意志品质从不成熟走向成熟；

○自我意识出现质的飞跃；

○人际交往对象的重点转向同龄人；

○进入人生价值探索期。

我们需要辩证地看待它们之间的关系：越是前面的，越是带有基础性质；而越是后面的，越是带有统领性质。

本书是由三位作者分工合作完成的。徐娜主要负责第四章，万巧丽负责第五章，其他部分由冉乃彦负责并统稿。徐娜和万巧丽长期在初中学校工作，是优秀的班主任和教师，后来又担任学校的领导，不但善于学习，而且富有实践经验；冉乃彦也重视深入学校，在初中学校上课。三个人取长补短，对书稿多次交换意见，对提高本书质量起了很好的作用。

第一章

一个极其重要而又容易被忽视的人生阶段

初中阶段是人生奠基的关键阶段，它还将迎来中考——人生第一次重大的选择。初中学校应该办得富有个性特点，能够给学生提供优质教学。但是，当前初中学校并没有得到应有的重视。由于小学是起始阶段，高中是验收阶段，所以它们都倍受关注，成为铜头铁脚，唯有初中成为豆腐腰。正如学校里流传的顺口溜——"初一相差不大，初二两极分化，初三天上地下"，道出了问题的严重性。

不过，近来情况正在悄然发生变化，越来越多的政府机构、学校、教师和家长开始意识到初中阶段的重要性，通过反思谋求初中教育新的变革。

有一位校长说得好："教师应当是一本厚厚的书，学生是一本越来越厚的书。"①作为初中教师，要想做好工作，让学生发展得越来越好，成为一本越来越厚的书，我们就需要多学习，充分了解学生的各种特点，让自己也成为一本厚厚的书。

我们的教育在与世界接轨的时候，如何贯彻教育方针，让初中生核心素养的培养落实到教师的日常工作中，使每一个初中生都成为全面发展的

---

① 马维娜：《初中教育：怎样的生存、行走与反思》，《教育科学研究》，2014年第9期。

人，是我们必须解决的问题。

◇人们误解了少年期

少年期，是一个独特的人生阶段。大致是指10～15岁这个阶段，相当于小学高年级和初中时期。不过近些年的研究发现，由于信息丰富、人际交往频繁和营养增强等原因，少年期在全世界范围内，都有提前到来的趋势。同时，也有些家庭由于溺爱，使部分独生子女的心理成熟速度放缓，出现了身体提前成熟，而心理幼稚的怪现象。

1. 少年期不等于逆反期

研究发现，人们对少年期的认识，最普遍的提法是"逆反期"，最耸人听闻的评价是"人生的危险期"。其实，这些认识是片面的，正反映了大众对少年期的认识不科学、不准确的现状。

把少年期定性为逆反期，是因为人们只看到少年爱和成人顶撞这种表面现象；把少年期定性为危险期，更是把一种由于错误教育导致的问题，夸大为所有少年必然会出现的问题。我也曾经误解过少年期的儿子。

儿子在小学时属于老实、听话的孩子，但是到了初中出现了一些意想不到的情况。他开始嫌我唠叨，有一次竟然说："你说的不对，我没有你们那么傻。"在学校有时候也和老师争辩，不同意老师留作业的方法。有时候还议论老师："有的老师在参观时问了一些无知的问题……"有时候我回答不出他的问题，他就半开玩笑地说："这个问题都回答不了，还能当老爸？以后改选。"甚至有一次居然把称呼也变了："老冉，我的肚皮饿得受不了了……"

有一次，我让他去把收音机关了，他竟然说："为什么我关？我也可以让你去关。"我当时非常生气。现在想起来这就是少年期的普遍现象，他要求独立、平等，但是在理解上有片面性，在表达上十分生硬，但这并不是什么逆反，更不是危险。

少年期的学生十分敏感。少年初期容易过度疲劳，整个少年期都存在着应激性过高、过于敏感、兴奋与抑制不平衡等特点，这些是应该承认的。也只有在这个意义上，少年期才能够称为转变期。除此以外，少年情绪发展正常与否，对少年的教育是否顺利，主要还是看家庭与学校对少年生活的安排如何。[①]

2. 少年期并非一晃而过

大家对少年期的认识不正确，客观上是由于少年期处于儿童期和青年期之间，时间不长，好像是一晃而过，所以容易被人们忽视。有些少年虽然内心世界发生了很大变化，但是脸上仍然留有天真无邪的儿童表情。主观上，我们对少年期专门的研究的确比较少。以中国知网近期的统计为例：对儿童期的研究文章共有55696篇；对青年期的研究文章共有25811篇；而对少年期的研究文章，仅仅有12159篇。也就是说，对少年期的研究文章数量，不及青年期研究的一半，几乎相当于儿童期研究的五分之一。

少年期不仅是内心世界出现深刻变化的时期，而且是心理最复杂、冲突最多的时期。本来，少年期应该是可塑性最强的人生最佳塑造期。遗憾的是，多数家庭、学校没有及时发现少年期这个特殊阶段，教育跟不上，因此少年期反而成为家庭、学校教育最困难的时期。

3. 少年期是内心世界出现深刻变化的时期

一个人，从儿童期过渡到少年期，尽管外部变化不大，内心世界却悄

---

① 陈会昌译自苏联《家庭与学校》，1980 年第 1 期。

悄地发生了深刻变化。少年的种种表现，让人感到"似乎有人给孩子注入了新的灵魂……"。"在少年这个年龄阶段，人的精神生活会发生深刻的变化。他的认知能力、脑力劳动、行为、与同学的相互关系、情感和审美以及道德的发展等许多方面的实际表现，都使教师感到不可思议和迷惑不解。有经验的教师也经常抱怨——少年工作难做。他们身上常常出现某种神秘莫测、难以理解的现象。"①

这些深刻的变化主要体现在以下三方面：

第一，思维发展发生根本性的变革。

少年的思维发生了一个根本性的变革：从具体思维过渡到抽象思维。看看初中生的眼睛，你会发现其与小学生的眼睛不同，虽然同样是热情、求知的眼神，可是有明显的不同——有了思考，尤其是有了自己的独特见解。

少年可以离开当前的具体形象，依靠抽象的语言、符号进行思考。这时他们喜欢用一些道德观念审视自己或是分析他人。少年不仅可以发现自己，反思自己，还可以比较系统地梳理自己的思想，建立自己的一套"理论"。

"一个人敏锐而又鲜明地用心去认识世界，是从少年开始的。""少年对世界的观察，从某种意义上说，是人类唯一的、独一无二的、特殊的状态。少年看到了儿童还看不到的东西，还看到了成人常常没看到，确切地说，没发现的东西，因为很多东西对成年人来说已经是习以为常的了。"②

从这个时期开始，少年正在逐步奠定一生思维的基础，不仅已经能够思考世界，思考未来，而且能够思考自己。这说明他们已经产生了人之所以为人的基本思维能力，而且能够用他们尚不成熟的观点与其他人交流。

---

① 苏霍姆林斯基：《育人三部曲》，人民教育出版社，1998年出版，第316页。
② 同上，第319页。

第二，自我意识发展出现质的飞跃。

少年期最核心的变化，是自我意识发展出现了质的飞跃。少年发展过程中"在获取知识时有一个很重要的特点：人不仅仅要知道点什么，他还要证明点什么。他在肯定真理的同时也在肯定自己"。①

少年依靠抽象思维，不仅超越现象进入观念层次，超越现在进入未来世界，更重要的是少年在认识世界的同时发现了自我，发现了自己的内心世界。

他们通过自己理解的观念，去逐步把握世界本质与人类道德，并在这一量变的基础上，形成了最重要的变化——自我意识出现质的飞跃。

在自我意识的指引下，少年不仅发现自己，还进一步思考自己，肯定自己。一个人，有了自我意识才能说具备了人类的基本性质，因此这是人的第二次诞生。

一个人有了自我意识，才可能有价值追求。少年已经学习着"按照美的规律塑造自己的人生"，开始了审美阶段。有人曾说："由于美是使人成为主体，彻底摆脱动物界的最后环节，是人的主体性得到全面实现的标志，因此，美是人生价值的最高追求或最高境界。"

少年期就是以自我意识的质变为开始，开启了人生最高追求的旅程。

第三，思想品德发展出现深刻转折。

少年开始用自己的眼光，自己的大脑，重新观察和分析自己及他人。少年开始运用自己的评价标准重新来看世界，这对少年来说是一件大事。这时他对某一件事情的看法，既可能和儿童时期基本相同，也可能有了区别，甚至还会得出相反的结论。不论是哪一种情况，都有一个最为重要的特点——他拥有自己的看法了。而在这之前，他说出来的话往往是在重复成人的看法。

---

① 苏霍姆林斯基：《育人三部曲》，人民教育出版社，1998年出版，第434页。

更值得重视的是：少年的道德品质，已经从儿童时期的行为习惯，上升为更加深刻的思想意识。

例如，儿童时期一个孩子爱"做好事"，往往是由于这样做，他能够得到家长、老师的肯定和夸奖，心里感到愉悦。而到了少年期，少年就不满足仅仅去做，而是思考这样做究竟对不对。如果他思考后坚定地认为，帮助别人是人的本质，他就会自觉地坚持去做；如果他认为"只有大傻帽才这样做"，他就会尽可能不去做。

这点变化是非常重要的，因为既然是一种思想意识，从此他将用自己的这种观念自觉地指导他的一切行动了。正确的看法当然表现为正确的行为，而错误的看法必将导致错误的行为。

一个人的信念，也是从少年时期开始形成的。"如果思想是通过辩证的思维，从大量的事实和事物中获得的，这样的思想才能转化为信念。"[①]在已经具备基本的思维能力的情况下，如果引导得当，少年通过丰富的生活实践，将形成正确的信念。所以初中阶段学生的实践活动和接受的相应的思想引导，在孩子的一生中是极其重要的。

当然，儿童时期的道德习惯，对于后来形成思想意识和信念，也会产生重要影响。一般来说，儿童时期爱帮助人的孩子，到少年期容易接受"关心别人"的观念；儿童时期就养成了爱占小便宜的孩子，到少年期容易接受"人不为己，天诛地灭""人都自私"的观念。

正像教育家苏霍姆林斯基指出的："没有道德习惯就不可能作出自我肯定、进行自我教育，也不可能自尊自爱。……习惯使内心中良心的声音高尚起来，情感总是保护着意识。这个复杂的过程只有在少年时代才能完成，因为人正是在这一年龄时期，才开始理解道德观念的概括性。"[②]

---

① 苏霍姆林斯基：《育人三部曲》，人民教育出版社，1998 年出版，第 515 页。
② 同上，第 505 页。

因此，我们既要重视儿童时期好的道德习惯的养成，还要关注少年时期孩子如何运用他的抽象思维，在观念上将道德习惯、道德情感提升为一种信念。在这些方面，我们初中教师肩负着不可推卸的光荣重任！

◇少年期是心理最复杂、冲突最多的时期

为了研究少年儿童成长的规律，从幼儿园大班一直到高中班，我都亲自去教过课。比较而言，初中阶段是18岁之前最复杂的时期。它不像幼儿园、小学阶段那样，孩子比较单纯，容易接受各种教育；也不像高中阶段，孩子有自己的判断力，有一定的自觉性。初中阶段还是各种矛盾集中爆发的时期，也是成长最快、变化最大的时期，因此是人生最难以把握的重要时期。

苏霍姆林斯基指出："一向使教育者感到不安的是：大多数棘手的、困难的问题都同教育少年有关。少年时期被称为是'困难的'年龄时期，这并不是偶然的。它难在少年往往把独立性、主动性看作是自己道德尊严的表现，然而他主观的力量和可能还不允许他在各方面不依赖外力。成人旨在对少年进行教育所做的努力，被少年看作是对自己独立性的限制。凡是在少年企图摆脱在他看来无需成人保护和关心的地方，他所犯的错误也就最多。"[1]

这是对少年期最精彩的论述。只要把苏氏分析的少年和成人看法的不同，认真思考一下，成人和少年的"矛盾"就基本可以解决。

少年期教育出现的困难，在很大程度上是因为成人不了解、不理解少年的内心世界，没想到少年期是心理最复杂、冲突最多的时期。目前通过各方面的研究，初步总结出少年期五种主要的内心冲突。教育家苏霍姆林

---

① 苏霍姆林斯基：《学生的精神世界》，教育科学出版社，1981年出版，第83页。

斯基结合自己的长期实践进行理论提升，在这方面作出了重要的贡献。

处在这些内心冲突之中的少年，肯定十分苦恼。但是他们自己不清楚怎么有效地解决这些矛盾，很容易用尚未成熟的情感，疾风暴雨式地表达出来。因此，我们初中教师应该极其耐心地、机智地根据以下五种内心冲突，积极探索有效的教育方法。

1. 希望肯定自己，而自己又没有能力做到

少年认为"外面的世界很精彩"，他有数不清的美好愿望，甚至是幻想。而且，少年和儿童不一样，他不像儿童那样，仅仅是喜爱世界，他还要以新主人的姿态去行动。对他来说，来日方长，他有足够的日子去实现自己的理想；而且他自认为具备了相应的本领。

每个少年都渴望自己成为了不起的人物。苏霍姆林斯基曾经这样分析："少年有个重要的发现：一个人的道德尊严、他在社会中的地位及其工作中的成就，都是通过社会的承认体现出来的。……少年渴望成为一个有个性的人。因此在少年期的几年中，他们对一切英雄主义、浪漫主义以及不寻常的事物，表现出发自内心的强烈关注，这绝非偶然。追求自我肯定，渴望成为一个有个性的人并得到社会的承认，这些愿望使少年产生一种内在的精神力量。"①

任何时代，少年都是最真诚、最热烈的"追星族"。尽管时代不同，价值观不同，不论是过去追保尔·柯察金、卓娅、董存瑞、黄继光，还是追当代的"四大天王"，全心全意、热火朝天地甘当"粉丝""追星族"，在少年期表现得最突出。

然而，他们"一方面是数不尽的种种希望，另一方面是这些希望实现的可能性受到能力与经验的限制，这两者之间的矛盾也是一个复杂的自我

---

① 苏霍姆林斯基：《育人三部曲》，人民教育出版社，1998 年出版，第 365 页。

肯定过程"①。

让人遗憾的是，少年不仅是"眼高手低"，而且是"心高力薄"。由于不成熟，他们还不善于看到问题的本质。他们经常是率直、仓促，甚至激烈地提出自己的看法。

由于不成熟，他们对自己的愿望是否能够实现，并没有把握。少年的心情，往往是一会儿飞上天，一会儿摔下地；一开始能够满怀信心地为理想奋斗，然而一次小小的挫折，又会让他心灰意冷。

面对少年的内心冲突，建议初中教师做好两方面工作：

第一，热情地肯定他们"心高"的正确性，"眼高"的必要性。要看到他们向上精神的可贵，不要动不动就用"狂妄""吹嘘""做梦"来贬低他们。

第二，循序渐进地帮助他们解决"力薄""手低"的实际困难。在他们行动前，提醒他们作好准备，练习必要的本领；在行动中，他们一旦遇到绕不过去的障碍，成人该出手时就出手，提供一些具体帮助；在行动后，热情地帮助他们总结经验教训，让他们看到自己一次比一次有提高。

2. 希望得到帮助，而又羞于请教

少年逐渐进入了"大社会"，原来在儿童期拥有的特殊保护消失了，他们必须以自己本来的状态去和环境、他人发生联系，因此容易产生严重的失落感。

实际上，少年最需要别人的帮助，然而又表现出最容易拒绝成人的帮助。这是因为少年觉得自己已经长大了，强烈的自尊心使他们最不愿意让别人认为他们是小孩，居高临下地教育他们。尤其容忍不了那种假大空的说教和训斥。

他们十分想独立行动和表现自己。一位初中的女孩子说："我觉得初中

① 苏霍姆林斯基：《育人三部曲》，人民教育出版社，1998年出版，第369页。

的我们，已经进入了青春期，不像小时候什么都听爸妈的，我觉得他们也应该听听我们的了，因为我们也有主见了。"

虽然少年追求理想，想成为一个优秀的人，但同时由于自己"眼高手低""心高力薄"，为自己的理想描绘的蓝图往往并不完美，不但容易受到成人的讥笑，有时候连自己也觉得比较幼稚。在"好面子"思想的作用下，就表现出羞于请教。针对这种情况，教师可以从以下三个方面着手：

第一，诚恳地和学生交心。

"怎样才能克服这一矛盾呢？争取教育者与被教育者思想上的一致，是保证教育者真正成为精神导师的一个重要条件。"① "教育家应当是一个能够懂得和体察少年思想和情感脉搏的人。……只有那些能与学生思想感情一致，共同关心社会利益并与其休戚相关、苦乐与共，与少年共同进行令他好奇但并不十分明确的探索的人，才能成为少年的导师。"所以，最好的方法是：老师成为学生的朋友，诚恳、坦率地说出自己的想法和建议，并愿意耐心倾听他们不成熟的想法。

第二，尊重少年的自尊心，顾及他们的"面子"。

"少年初期，正值神经系统发生重大变化，少年的内心深处也正经历着最初的自我肯定与自我认识的过程，应当使这个骄傲而又好面子的人感到，与自己在一起的，不是一个用教育家的自作聪明来对他人行使巫术的教育者，而只不过是一个富有同情心的、诚挚的朋友。一个教师，他越少摆出教育者的架子，越少一本正经，他就越是个优秀的教育者，少年也就越喜欢接近他。"②

第三，提供活动舞台，让学生表现自己。

"教育少年的真正艺术就在于给少年提供一种机会，让他自己去思考：

---

① 苏霍姆林斯基：《育人三部曲》，人民教育出版社，1998 年出版，第 368 页。
② 同上，第 415 页。

怎样进行自我教育，怎样变得更好，怎样在克服困难和感受胜利喜悦的过程中进行自我奋斗。"①千万不要通过"强迫"，让学生表态"坚决改正"，用这些形式主义的做法去折磨学生。相反，教师要善于提供活动舞台，让学生表现自己。教师应该有远见，善于在今天、在学生心中播下积极向上的种子。

3. 追求正义，反对邪恶，而又不善于理解生活中的一些复杂现象

少年和儿童不一样，他们的思想超越了当前，憧憬着未来。他们不但开始制订自己的生活计划，也思考改造社会的纲领，动不动就"指点江山"。心理学家皮亚杰曾经幽默地指出"少年是天生的社会评论家"。

少年缺乏社会经验，且思维方式不成熟，不善于理解生活中的一些复杂现象，这使得他们在日常生活中经常碰钉子，搞得烦恼缠身。有的学生看到老师对待学生不公平，就放弃这门功课；面对日本在钓鱼岛问题上的挑衅，有些少年出于义愤，主张不买日货，砸日式车，甚至打日本人，结果受到成人的批评。

少年还没有真正认识这个世界，也缺少在现实世界生活的能力，于是现实就好像处处与他为敌，使他感到个人的主体性失去了，所以哲学上称少年为"自失的主体性"。他们处在一个非常重要的转折期。

建议初中教师选择珍视感情和学习榜样的教育方法：

首先，支持少年追求正义，反对邪恶。教师要珍视少年的这种情感："情感如果没有参与到认识过程之中，那么教育者所解释的真理，是不会被少年接受的。"②千万不要因为他们的想法不成熟，有些偏激而漠视甚至嘲笑他们。"教育者的任务是要牢固地树立对理想的纯洁而崇高的向往。不要贬低这种向往，不要使年轻人的心中对有可能接近理想这一点产

---

① 苏霍姆林斯基：《育人三部曲》，人民教育出版社，1998 年出版，第 363 页。
② 同上，第 361 页。

生怀疑。"①

其次，通过学习榜样，巧妙地完善学生的思维方法，减少认识的片面性。最好的办法是引导他们多参加实践活动。在实践活动中，客观现实会让他们慢慢体悟到事物的复杂性，从而有效地纠正他们认识的片面性。

4. 渴望知识渊博，而又以浮躁甚至轻率的态度对待学习

苏霍姆林斯基认为：少年的逆反心理隐藏在思维的特殊性中。逆反心理往往是从反对或者否定学校布置的作业开始的。作业每天都有，对少年来说常常是十分单调的工作，这种工作"与宇宙飞行相比，就像是蚂蚁在忙忙碌碌搬东西"——舒尔科（一个六年级学生，也是学校里最好的"数学家"之一）把学校教学与科学发展作了这样的比较。对学习的轻率态度就是由此产生的，同时也形成了少年反对成年人"侵犯"其独立性的"保护性反应"。

初中生往往一方面渴望知识渊博，而另一方面又以浮躁甚至轻率的态度对待学习。这种看似奇怪的矛盾现象，实际在表明，他们不愿意做一个装知识的"罐子"，而是强烈地要求自己成为探索知识的研究者。

"少年期的这种矛盾，在很大程度上是由于在这一时期思维方法的改变。因为儿童的具体的形象思维，正在让位于抽象思维。少年开始用概念来进行思维，而这仿佛在他面前展现了一个新的、陌生的世界。他力图用逻辑思维的方法认识生活现象，但是又很难把千变万化、错综复杂的世界纳入形式逻辑之中。因而产生了一些少年所特有的错误、仓促的结论与概括。可是由于少年关注的对象，不仅仅是他的身外之物，同时还包括他自己，他对他自己也作出了片面的、仓促的结论，时而夸大自己的优点，时而又夸大自己的缺点。由此而产生那种一方面对自己的力量充满信心，另

---

① 苏霍姆林斯基：《育人三部曲》，人民教育出版社，1998年出版，第371页。

一方面又不满意自己的两种心情，奇怪地交织在一起的现象。"①苏霍姆林斯基这一段叙述，实在是太精彩了。只有极其爱学生，同时极其深刻了解学生的教师，才能有这样准确的评论。

少年的偏科现象，除了认识的片面性之外，还与他们意志力不强有关。他们往往对自己感兴趣、擅长的科目，肯下功夫；而对于重要，但自己屡战屡败的科目，容易采取放弃的态度。甚至还有不少少年由于喜欢某个教师，就特别喜欢他教的课；相反，也有不喜欢某个教师，结果连带着不喜欢他教的课。

建议初中教师选择支持和引导的教育方法：

第一，支持和引导少年扩展知识领域，不满足于当前掌握知识的现状。

因为"一个人正是在少年时代才第一次感受到，学校中学到的知识，只不过是知识海洋中的一滴水，只是科学巨著中的第一页。集体的智力活动愈丰富，科学的地平线就延伸得离学生的视线愈远；一个少年知道的愈多，就愈深刻地意识到自己知识的贫乏"②。这时候，教师向初中生推荐《中国大百科全书》，往往受到他们的欢迎；各科教师有计划地推荐相关课外读物，也是一个好办法。

第二，引导学生把学校知识与科学相结合进行探索。

教育者应该"善于把学校知识与科学相结合，努力使学生觉得自己不是听话的'知识需求者'，而是一个有求知精神的研究者"③。这种引导在少年期十分必要，把求知欲和精力极其旺盛的少年，引向更广阔的知识海洋，使之痴迷于所钟爱的学科领域，应该是我们初中教师的光荣使命。

被誉为"犯罪心理画像第一人"的公安大学教授李玫瑾，在初中时，就对哲学很感兴趣，于是老师就引导她多学习，并且推荐她给全班同学讲

---

① 苏霍姆林斯基：《育人三部曲》，人民教育出版社，1998年出版，第375页。
② 同上，第374页。
③ 同上，第374页。

课。课讲得很成功，她对哲学就愈发有兴趣，上师范大学学了心理学之后，她感到不满足，又到人民大学哲学系深造。据她自己说，她的犯罪心理学的研究，更多得益于哲学。

5. 追求崇高、浪漫，而又有粗野、不道德的行为

"少年在对外部世界和自身的精神世界中各种现象仔细地进行抽象、概括和好奇的观察的同时，还在逐渐地开始追求崇高的理想和浪漫主义的东西——思想坚定、刚毅、勇敢、忠于信念、大胆无畏、渴望认识和洞察大自然的奥秘以及决心为崇高的理想而奋斗。追求浪漫主义的东西，这就是认识过程中的一个新的质变阶段的结果。"[①]

少年还不善于把远大理想和当前的具体行为联系起来。一方面真诚地想为理想而奋斗，另一方面又放松对自己的要求。

例如，有的少年爱打抱不平，他们对不正义的事情感到气愤，有时候竟用粗野的方法去维护正义。少年喜欢开玩笑，但不知轻重，不讲道德，有的演变成恶作剧。如悄悄抽掉同学的座位，令其摔伤，还不以为然。这种由于思维片面性而出现的矛盾现象，只能在长期的实践中，通过耐心的引导才能逐渐解决。

建议初中教师选择探索人生意义和结合现实的教育方法：

引导少年继续探索人生意义。帮助他们认真分析社会上各式各样的人生观，不搞假大空，逐步树立正确的人生观（具体方法见第八章）。

针对现实问题，以小见大，逐步引导少年既有长规划，又有短安排，把远大理想和自己当前的行动结合好。这个时候，班级活动、班风以及同龄人的榜样的影响，能够发挥特殊的作用。

以上就是少年期主要的矛盾和内心冲突。"这些矛盾的共同特征是，对

---

① 苏霍姆林斯基：《育人三部曲》，人民教育出版社，1998 年出版，第 377 页。

自我肯定的渴望和追求与实现这种愿望的能力之间，存在着不适应性。这些矛盾并不是不可避免的，然而要绕过它们或者完全把它们推开是不可能的。高水平的教育工作可以缓解和减轻这些矛盾，而笨拙低能的教育工作则会使这些矛盾更加深化、激化并导致冲突。"①

◇把所谓的"逆反期"变为"最佳塑造期"

少年期本来应该是人生的最佳塑造期，不幸的是，由于童年期教育上的偏差和少年期教育上的失误，使得少年期教育变得格外困难。因此，我们教师现在的任务，应该是把逆反期变为最佳塑造期。要完成这个光荣而艰巨的任务，我们必须了解少年期出现"逆反"现象的内因和外因，从初中一年级开始，提出相应的有效策略，把"逆反"的本质原因——独立性，转化为"最佳塑造期"的积极因素。

1. 为什么少年期是最佳塑造期？

卢梭把少年期描绘为人自我"降生"的"第二次诞生"，它在人的一生中占有极其重要的地位。苏霍姆林斯基则深刻指出："步入少年时代，似乎就是人的再生。第一次是生命本体的诞生，第二次诞生的则是一个公民，一个积极的、富于思考的个性，一个不仅能够认识周围世界，而且也能认识自己的活动着的个性。"

我们中国传统上对少年期也有一个"开窍时期"的提法。孩子在这个时期，将会从懵懵懂懂走向会思考，从不懂事走向懂事，从不自觉走向自觉。总之，少年期是人生的关键期、奠基期、转折期和最佳塑造期。

人类成长期是动物界中最长的，因为人类不能像其他动物那样仅仅解决生存问题，还要掌握符号文化和社会交往能力、创造能力等复杂的高级

---

① 苏霍姆林斯基：《育人三部曲》，人民教育出版社，1998 年出版，第 378 页。

能力。可以说，少年期正是掌握这些高级能力和形成高级素养的重要时期。

少年期之所以成为人生最佳塑造期，有三个主要原因：

第一，思维发生变革，能够初步运用观念认识世界。

根据皮亚杰的研究，少年的思维处在形式运算阶段。也就是说，少年的思维已经从儿童时期的具体形象思维，发展为经验型的抽象思维。

苏霍姆林斯基对少年期有比较深入、系统的研究。他认为："少年不同于儿童，他已经开始对善良和丑恶都进行概括；通过一些事件他看到一种现象；而这种现象在他心目中会产生什么样的思想和情绪，都取决于他的信念、对世界的看法和对人的看法。"

有一个初二的学生，有一天，他突然宣布拒绝学外语。老师、家长软硬兼施，多次做工作也没有用。经过仔细调查，才发现原来是他和自己的同龄朋友，经过分析思考，得出"学习外语那玩意没有用处"的结论。

第二，少年发现了自我，开始自觉、主动地面对世界。

少年喜欢照镜子，喜欢观察别人，重视别人如何评价自己，认真、秘密地记日记，喜欢和别人争论，发表自己的独立见解。这些都说明少年已具有本质意义上的自我意识，从自发阶段开始进入了真正自觉的阶段，这是非常重要的一个时期。

一个人对外部世界的认识，与对自我的认识是相辅相成的。认识外部世界越深刻、越丰富，有助于更深刻、丰富地认识自我。反之亦然。少年是"在认识自然界的普遍规律性的广阔背景中，进行自我认识和自我教育"[1]。

少年发现了自我，自我意识出现质变，这时候他们有愿望也有条件开始自觉、主动地面对世界。因此，这个阶段应该是人生最佳的塑造期。

第三，通过独特的观察与思考，逐步形成自己的价值观。

---

① 苏霍姆林斯基：《育人三部曲》，人民教育出版社，1998年出版，第433页。

少年期区别于童年期，还在于这个年龄段的人对事物的观察、感觉与童年时期所观察、感觉和体验到的已经不同了。由于少年的自我意识出现质变，他们也在实践中、与人交往中，逐步形成自己的价值观。这应该是塑造期的一个核心内容。

"一个人敏锐而又鲜明地用心去认识世界，是从少年开始的。"[①] "只有少年似乎开始对真理的公正性表示怀疑，从各方面对其进行仔细观察、检验并按照教师的建议，独立地得出结论时，真理才能变成他的信念。少年不仅研究自然界各种现象和规律，而且也研究道德真理，研究人。他们特别注意研究教师。"[②]

初中学生常常这样评价老师："据我观察，某某老师每讲一项内容，一个道理，都是有根据的，从不随便说。""我发现，某某老师常常说话不算数，一个要求，说的时候特别严格，过几天，连他自己都忘了。""我们老师太偏心。后进生趴在书上睡着了，老师说：你们看看，一沾书就睡觉；而好学生趴在书上睡着了，老师则说：你们看看，多爱学习，睡觉还不离开书。"

当然，由于不成熟，少年有着独特的自我视角。比如少年开始抽烟，这并不是生理的需要，而是独特的心理需要，他们主观地认为"抽烟能够使自己高大"。在他们的脑海中，好像自己叼上一支烟，就成了电影中的"老大"。不管别人是不是这样看，反正他自己相信。

2. "逆反"出现的原因

现在，不少人认为，少年期出现逆反现象是天生的、不可避免的、不可抗拒的，对此教育也无能为力。其实，心理学研究表明，逆反不应该成为普遍现象。心理学家班杜拉根据自己的研究指出，青少年发展表现明显

---

① 苏霍姆林斯基：《育人三部曲》，人民教育出版社，1998 年出版，第 319 页。
② 同上，第 418 页。

者有三类：持续的成长的占23%；突然的成长的占35%；骚动的成长的占21%。应该说逆反者——也就是"骚动的成长"仅仅占21%。

而现在，本来应该是最佳塑造期的少年期，出现的却是让人苦恼的"逆反"，这是为什么呢？

（1）童年期教育的失误与准备不足。

苏霍姆林斯基根据自己多年的经验，得出结论："我越发相信，少年的道德面貌取决于他在童年期所受的教育如何，取决于从出生到10～11岁这个年龄段，给他的心灵里灌输了什么。"

第一，儿童期的教育过于简单、粗糙。

苏霍姆林斯基指出："对少年期教育的困难分析得越多，我对一条简单而又重要的规律性的真实性就越发坚信不疑：在儿童期教育进行得过于简单的地方，对少年的教育就困难。"最突出的例子就是祖辈单独抚养长大的孩子，祖辈仅仅管吃喝，只有简单的管教，孩子没有丰富的活动，缺少细腻的丰富的情感影响，这种情况下产生的智力落后、品德低下的少年自然比较多。

第二，儿童时期精神生活贫乏。

苏霍姆林斯基说："我研究了有违法犯罪少年的460个家庭的生活，发现了这样一种情况。家庭中的知识、美育、道德爱好和要求越贫乏，孩子犯罪的程度就越重，他缺少人性、残忍、愚昧的程度就越重。在这些违法犯罪的少年的家里，没有一家有家庭藏书，哪怕是少量的。"

如果和物质生活相比，儿童期精神生活显著贫乏得多。这和成人的认识水平密切相关。例如给孩子过生日，本来是激发孩子自我教育的最好机会——因为这是为数不多的以孩子为中心的活动。可是很多成人，就以"吃一顿麦当劳"打发过去，还自认为是很好的庆祝生日的方式。

（2）成人错误地对待少年"独立性"的问题。

即使作好了童年期的准备，少年期也可能出现一些和童年期不同的反抗行为。原因是成人错误地对待了少年"独立性"的问题。

独立性是少年期的最本质特征。但是由于少年的不成熟和成人的错误态度，往往造成以下几种冲突。

第一，有些教育者对少年的"独立要求"不理会，要求孩子百分百地听话，粗暴压制，少年就按"反作用力"的规律作出回答。

第二，有些教育者对少年的"独立要求"毫不尊重，甚至以为他还是小孩，就采取讥笑的态度。少年虽然由于不成熟，能力跟不上，他们的"独立要求"往往也不全面，甚至不切实际，但是，他们自己认为是思考过的，因此比较固执。

第三，少年的思维虽然出现根本性的变革——从具体形象思维过渡到抽象思维，但是由于还不够成熟，常常会出现问题，例如有为我所用，自称系统，非此即彼，厌实羡虚等等特点。

第四，成人不了解少年内心的冲突和失落感。少年常常有许多神秘莫测、难以理解的表现，其实这正是少年特殊苦恼的反映。一方面，少年生理、心理发展十分迅速，内分泌出现暂时的失调。另一方面，少年逐渐进入社会，充当更多的不同角色，一时难以将自己整合为一个一致的、同一的、稳定的"我"，甚至感到自我丢失了。再加上感情系统发展尚未成熟，往往对许多事物十分敏感，增加了与成人沟通的困难。

第五，成人不理解少年的"保护性反应"。

少年的逆反心理隐藏在思维的特殊性中。初中生最反感教师居高临下地用手指头指着学生说话，即使指责的内容正确，他们也十分反感。为了捍卫自己的尊严，学生是好话、坏话一概听不进去。其实，这是少年反对成年人"侵犯"其独立性的一种"保护性反应"。

多数家庭、学校没有及时发现孩子进入了少年期，更没有理解这些表现是少年期的阶段性的特殊现象。再加上当前面临三个不成熟——市场经济不成熟、新时期的教育工作不成熟、孩子不成熟，就显得少年期问题格外严重。

3. 怎样把"逆反期"变成"最佳塑造期"？

（1）尽早解决。

有人将少年期概括为"时间短，变化快，矛盾多，影响大"，很有道理。所以"尽早解决"的第一个含义是"思想尽早转化"。成人要主动按照少年期的要求对孩子进行教育，而不要放不下架子，羞羞答答、拖拖拉拉，等到少年期已经过去，才想起来要抓好"最佳塑造期"。

"尽早解决"的第二个含义是"行动尽早开始"，不要等到问题成堆，亲子关系的矛盾达到白热化，才被迫地去改善。

当前少年期发生的问题，多数是由于童年时期教育的不到位造成的，属于"回炉"再教育性质。因此"尽早解决"的第三个含义是"尽早补课"，虽然有的家庭即将甚至已经错过了打好基础的阶段，但仍需要尽早补课，"亡羊补牢，犹未为晚"。"补课"的内容是五种扎根教育：一是为他人创造幸福的自豪感；二是关心集体、关心祖国的命运；三是同情心和审美感；四是高度的智力修养；五是培养"慎独"能力。此外还应拥有健康的身体。这些内容，不仅儿童期需要进行，少年期也需要进行，只不过需要考虑孩子的年龄特点，在方法上应该有所改变、调整。

（2）正确解决。

少年期有许多内心矛盾，而这些矛盾的共同特征是，对自我肯定的渴望和追求与实现这种愿望的能力之间，存在着不适应性。

苏霍姆林斯基精辟地指出："在少年期出现的许多困难，其实质在于相互之间的不理解和不信任：成人不理解少年的精神世界，而少年也不理解成人，对他们抱以戒心和成见，认为成人的一举一动都是为了限制他们的自主性。我认为，很重要的一项教育任务，就是要让少年正确地理解自己的自主性，是与自己对别人的义务完全一致的。没有成年朋友，少年就不可能懂得这样一个真理，即少年期的独立性是具有合理的限度的，而没有义务和责任的自由是不可思议的。"

少年期的本质特征是独立性，而"少年期的独立性是具有合理的限度的"。因此，要想把"逆反期"变成"最佳塑造期"，首先要正确看待"独立性"。

一是区别对待"为了独立而进行的反抗"和"任性的反抗"。

成人对于"为了独立而进行的反抗"，应该尽量理解和支持。例如下面的各种表现：

强烈反抗父母的过分监督或干涉；

开始批判父母的意见、行动、态度；

固守自己的意见、兴趣、爱好和计划，拒绝父母的批评或判断；

要求享有独立行动的权利（如跟朋友一道去看电影）；

强烈抵抗对个人秘密的"侵害"（如未经允许，父母不能翻看日记）；

放弃幼儿、儿童时期培养起来的习惯行为，如与大人打招呼，有时候少年误以为这是幼稚行为。

而"任性的反抗"则是一种延续童年期的撒娇行为，是为了让父母满足自己的无理要求，成人对这种"任性的反抗"绝不能支持。①

二是和少年做朋友。

少年实际上最需要别人的帮助，然而又表现出喜欢拒绝成人的帮助。

所以，最好的方法是："如果我能够把自己心灵中的东西倾注到学生心灵中去，那么学生就会来向我讨教并要求帮助，就会来向我倾吐衷肠。"②

---

① 加藤隆盛：《男初中生心理》，福建科学技术出版社，1986 年出版，第 23 页。
② 苏霍姆林斯基：《育人三部曲》，人民教育出版社，1998 年出版，第 369 页。

这就要求我们，从内心和行动上，都要和少年做朋友，而不是高高在上，对学生指手画脚。

三是做少年的榜样。

教育者最需要做的，就是做少年的榜样。正如苏霍姆林斯基指出的："如果您想成为一个真正的教育者，请您向年轻的心灵展现人的美，首先展现您自身的美，这是很重要的。""少年怎样看待世界，什么东西使他激动、惊奇、关切、感动，引起他的同情、鄙视、爱和恨，所有这一切都完完全全地取决于教育者。"

人无完人，教师和家长不是神，也不可能完美无缺。但是，只要我们教师能够不断进行自我教育，严格要求自己，实实在在，有错就改，就是一个真实可信的好榜样，就有利于解决孩子初中阶段遇到的问题，把"逆反期"变成"最佳塑造期"。

第二章

怎样面对初中生身体发育的第二加速期?

《孙子兵法》说:"知己知彼,百战不殆。"作为初中生的老师、家长,不但需要了解环境,也需要更深入、更准确地了解孩子,这样才能使孩子健康地成长起来。

怎样才能了解学生的生理、心理特点呢?仅仅靠自己的观察还不够。国内外很多生理学家、心理学家、教育学家对初中生作过研究,许多教师、家长积累了丰富的经验,不少成人对自己的成长过程也有深刻的体会。我们把他们的看法综合起来,认为初中生有七大特点。

(1)身体发育的第二加速期;

(2)性萌动开始;

(3)思维从具体形象转变为经验型的抽象思维;

(4)情感、意志品质从不成熟走向成熟;

(5)自我意识出现质的飞跃;

(6)人际交往对象的重点转向同龄人;

(7)进入人生价值探索期。

在这七个特点之中,越是前面的越是处在基础地位,为后面的提供了发生、发展的条件。身体的发育,为性成熟、思维的发展提供了基础条件;

思维的发展又为自我意识的质变作了重要的准备；自我意识的出现，又必然引向对自我价值的追求。

这七个特点，从发展的重要性、统领性角度看，越是后面的越突出。这种辩证关系是初中生，尤其是教师、家长应该认真理解和努力掌握的。

身体发育放在第一部分，是因为身体发育太重要了，它是孩子成长的基础。忽视身体健康，我们将会受到严厉的惩罚，且身体的损失往往无法挽回。教育家苏霍姆林斯基一再呼吁："健康，健康，再健康。我不怕一再重复：对健康的关注——这是教育工作者首要的工作。"他还说："经验告诉我们，约有85%不及格学生学业落后的主要原因是健康状况不够好，身体有某种不适或疾病。……多年观察表明，所谓的头脑迟钝，在多数情况下是由于连孩子自己也感觉不到的周身不适所致，而并非大脑半球皮质细胞有什么生理变化或功能不正常。"

孩子在一岁的时候处于生长的第一加速期，十一二岁的时候，开始进入第二加速期。"从生理发展的角度我们能够发现，初中生在10～11岁至14～15岁（男孩有时到16岁）的阶段，有一个迅猛的飞跃。首先是身体的迅速增高……"[①]第二加速期的特点主要有身高、体重增长快，动作不协调。

◇ "哟，长得好快啊！"

初中生，常常被人们赞美："哟，长得好快啊！"的确，初中生刚买的合身新衣服，没过多久，就会发现不是袖子短了，就是裤腿短了。

---

① 苏霍姆林斯基：《育人三部曲》，教育科学出版社，1998年出版，第380页。

身　高

初中男孩女孩平均每年长高6厘米。

长得最快的年龄：

男孩是12岁（每年长高6.6厘米）；

女孩是11岁（每年长高5.9厘米）。

体　重

初中男孩女孩平均每年增重4千克。

增得最快的年龄：

男孩是13岁（每年增5.5千克）；

女孩是11岁（每年增4.4千克）。

1. 女孩先长，男孩后长

一般情况下，女孩早于男孩两年就加快了生长（9～13岁），男孩要到11～15岁才开始加快生长，所以女孩10岁时身高往往会超过男孩。但女孩又比男孩早3～4年停止长高，所以最后男孩身高总会超过女孩。一般女孩长到23岁，而男孩到25岁才停止生长。据专家研究，即使是同性别的初中生，加速生长的时期也有很大不同，有时竟相差4年。也就是说有的人早长，有的人晚长。家长和孩子不要因此产生不必要的担忧。

2. 笨手笨脚，长手长脚

初中生身上的各种器官，生长发育的速度也很不一样。比如骨骼的增长比肌肉快，四肢的增长又比躯干快，所以初中生显得长手长脚，再加上肩窄，胸扁，体形很像"豆芽菜"。神经系统的发展落后于身体的增长，造成在儿童时期运动起来还比较协调的孩子，到了初中时，反而显得不协调了，连自己都觉得别扭。所以有人把初中阶段称为"笨拙期"。不过，不协调只是暂时的，身体的各种器官仍在不停地发展，这个时期，如果能进行科学的锻炼，就能为各种运动能力（如运动速度、弹跳的高度）打下良好的基础。想成为优秀运动员吗？这个时机千万不要错过啊！

身体的变化会让孩子"感受成长的快乐"，个子长得和父母差不多高的时候，容易出现"成人感"，但也会给孩子带来烦恼。有个女孩子说："妈妈说长个儿是好事，可我这几天虽然长得快，但是感觉腿很疼，询问医生后，才知道是长个儿的过程中，骨头不够使了，才导致疼痛，这使我又喜又忧。"

尤其是身体变化中，有第二性征的出现，会引起初中生巨大的心理变化。应该说，生理发育过程中性成熟的开始，对初中生的精神生活具有特殊的影响。

苏霍姆林斯基说："初中时期身体发育的生理过程，充满了各种内在的矛盾。深刻的生理发育过程还涉及初中生的神经系统。在大脑半球的皮层里发生着巨大的变化……"

初中生处在身体发育第二加速期的这一特点，说明初中生应在锻炼身体、合理营养、讲究卫生等方面特别注意。但是目前在沉重的升学考试压力下，在家长的过度保护下，在独生子女娇气的心态下，不少初中生的实际表现实在令人担忧：体育不达标，营养不科学，不讲究卫生等。这将给他们的身体素质带来严重的损害，应引起足够的重视。

◇要想身体好，科学的生活方式很重要

1. 要有科学的作息制度

生活有规律，不要养成"开夜车"、睡懒觉的坏习惯。每天保证睡眠时间。

睡眠时间不足，不但影响第二天的学习效果，而且长期来看会导致健康状况越来越差。因此用拼时间来换分数的方法不可取。应该是科学安排每日作息时间，提高学习效率，争取必要的睡眠时间。宁肯牺牲一点分数，也要保证健康。

定时吃饭，定时休息。一般自学一个小时左右应该休息，但休息时间要控制在10分钟。有的学生以休息为名，实则放纵自己，玩游戏、玩球长达一两个小时，不但没有达到休息的目的，还浪费时间，损伤身体，养成不好的生活习惯。

苏霍姆林斯基深刻地指出："在童年期，尤其在初中时期和青年早期，都不能只是'单纯地休息'。如果没有创造性的精神生活，如果不使思想、情感和愿望在具体的事物中得到体现并加以人格化，如果劳动不能创造人的世界，不能使情感和兴趣变得高尚起来，那么休息就会变成乏味的无所事事，而这种无聊会把人的心灵变得粗俗不堪，从而导致道德上的麻木不仁和公民责任感的贫乏。"

2. 要养成良好的卫生习惯

养成洗脸、洗脖子，刷牙和饭后漱口，晚上洗脚，饭前便后洗手的好习惯。如果没有洗澡的条件，需要经常用温水洗净外生殖器。

睡觉不要用被子蒙头，卧室要经常开窗户，尽可能多呼吸新鲜空气。吃东西要节制，改掉遇到喜爱的饮食大吃狂饮的坏习惯。衣服经常换洗，养成良好习惯。

坚持科学的作息制度和养成良好的卫生习惯，都是培养自我教育能力的过程，也是为今后在其他方面克服困难、磨炼毅力打基础。

◇要想身体好，合理营养不能少

初中时期是人一生中（除怀孕的特殊时期）需要营养最多的阶段，成人应该充分满足孩子的营养需要。但是当前主要的问题不是缺乏营养，而是营养不均衡。

现在心血管病、糖尿病、肥胖症都有低龄化的趋势，其中一个重要原因是家长和孩子在饮食营养方面安排不合理，而且发现问题后仍然不认真纠正。

1. 早餐要吃好

经调查发现，目前初中生吃早餐存在的问题最大，而早餐吃得好坏，会影响整个上午四节课的听课质量。

一般来说早晨食欲比较差，再加上初中生爱睡懒觉，只要一看起晚了，同时对不吃早餐的严重性没有正确的认识，所以常常只吃上几口饭或干脆空着肚子匆匆去上学。

而营养学家认为：早餐的营养量不应少于全天的1/3，如果过少，在紧张的脑力劳动过程中，血液中的血糖量降得很低，必然影响学习效率；如果勉强支持，会进一步损伤身体。

针对这些情况，早餐应准备一些可口、量虽少但富有营养的食物，如：肉包、豆包、馒头、面包、鸡蛋、香肠、果酱、小菜、肉松、牛奶、豆浆、稀饭等，干稀搭配着吃，千万不要天天吃馒头、咸菜、粥，或天天吃面包。

上中学了，学生应该逐步学会自己热早点或做早点，决不应因为家长上早班，没给做早点，自己就不吃，或随便买点零食吃。

2. 挑食、偏食，影响健康

目前独生子女挑食、偏食的毛病比较严重，这不但影响学生的身体健康，而且他们成人后，在适应社会生活上也会出现一些障碍。因此应该引起成人与学生的共同重视。

人的发育需要多种营养。有的营养素虽然需求量不大，但只要缺少，就会出现严重的问题。如缺少无机盐（又称矿物质）中的锌，人就发育缓慢，性成熟推迟；缺少维生素A，就会患"夜盲症"。

但是任何一种天然食品，都不可能含有人体所需要的全部营养素。如鸡肉中含蛋白质多，但不含维生素C；小白菜中含维生素虽然多，但蛋白质却又很少。所以只有各种食物都吃，搭配起来，取长补短，才能满足人体需要。

现在学生不爱吃的往往是一些有独特营养价值的食物，如：胡萝卜含有较多的胡萝卜素，芹菜含有丰富的钙、磷、铁等无机盐。而偏食、挑食的坏习惯，则把这些有助于身体健康的食物拒之口外，最终导致某些慢性病缠身。

挑食、偏食的毛病，主要是心理认识问题。作为有志的初中生，应该有意识通过改正挑食、偏食的毛病，来锻炼自己的意志。有不少优秀运动员，不就是为了为国争光，顽强地克服了自己偏食的毛病吗？

3. 吃零食、冷饮，弊多利少

北京医科大学儿童青少年卫生研究所的专家们，通过对857名中小学生吃七种常见零食情况的调查，发现有89%的学生经常吃零食，而其中大多数人又经常爱吃奶油类的点心和巧克力。专家们认为奶油类的点心和巧克力，含热量和饱和脂肪酸较多，多吃可能会导致学生肥胖或血脂升高。

在日常生活中，最好的饮料就是白开水或茶水。市场上出售的不少饮料，价格昂贵，且没有什么营养。如果遇上伪劣产品，还可能患肠胃病，真是"花钱买罪受"。也有的学生，喝了过多的含兴奋剂的饮料，反而无法安心上课，甚至让别人误以为他得了"多动症"。而普普通通的20度左右的"凉白开"，反而对人体健康非常有益。因此，应该在同学中提倡多饮凉白开水。

4. 脑的营养，需要加强

初中生的脑力劳动，比小学生有显著的增加，而如何为辛苦的大脑多提供营养，目前还未引起成人和学生的重视。下面将脑科学研究成果的相关部分呈现出来，供大家参考。

主食提供脑需要的葡萄糖。大脑的繁重工作，只能靠葡萄糖作为能源，而大脑中储存的葡萄糖，只能维持6分钟。大脑每天需要的葡萄糖是116～145克，完全要靠每天吃的主食来供应。这也进一步说明，学生吃好一日三餐，对学习是多么重要。

空气提供脑需要的氧气。大脑需要的能源，是葡萄糖通过氧化取得的。成人脑子耗氧量占全身总耗氧量的20%。年龄越小，脑耗氧量反而比例越高，5岁儿童脑耗氧量占全身的一半。可见学生肺活量的大小，学习时能否呼吸到新鲜空气，与学习效果好坏的关系极大。

鱼虾提供大脑需要的一种蛋白质——谷胱甘肽。这种蛋白质能提高和增强脑细胞的活动能力。谷胱甘肽在鱼虾、动物肝脏中较多。只要不挑食、偏食，日常饮食中吸收的谷胱甘肽是足够的。

大豆提供脑需要的卵磷脂。研究发现，豆类及动物肝脏中含有的卵磷脂，在脑的代谢过程中，能释放出乙酰胆碱，能激活、增强人的记忆。

当然，如果只强调脑营养，而自己学习不努力，学习也不会好；但只强调努力，不注意脑营养，学习同样也会受很大影响。所以希望能在刻苦学习和加强营养双管齐下的情况下，每个学生都可以提高学习成绩。

◇要想身体好，必须积极参加体育锻炼

我国青少年身体素质整体水平处在比较低的状况，首要的原因是不重视体育锻炼。中央电视台调查发现，只有22%的初中学校能够保证"每天一小时"校园体育活动；据日本青少年研究所对中日美三国初中生的调查

发现：参加课外体育活动的，中国为8%，日本为65.4%，美国为62.8%。

"在少年阶段……体育已经不能仅仅局限于身体的锻炼与健康了，它还涉及人的个性的许多复杂方面，如，道德品质、纯洁而崇高的情感和态度、生活的理想、道德与审美的标准、对周围世界和自我的评价，等等。"苏霍姆林斯基的这段话，深刻地提醒我们，初中生的身体问题，不是单纯的健康问题，而和他们的思想品德、生活理想相关。

1. 要认真对待体育课、课间操、眼保健操和课外活动

现在学校一般都安排了一天一小时的体育锻炼时间，但是如何取得应有的效果，则要看学生自己的努力程度，尤其是在认真、刻苦、坚持这几个方面。

比如，做课间操，几套动作每个学生都会，但是做操的态度和效果，真有天壤之别。有的学生做操是"一不到位""二不用力"。这种走形式的做法，既浪费了时间，又养成了懒散的坏习惯，损失太大！

"少年的力气无法遏制地想释放出来，因此十分重要的是，使他们能够把一些复杂和细腻的动作与体力互相配合。"①上中学以后，体育课上要学许多新的技能、新的本领。有的有一定难度，例如单、双杠，跳箱，垫上运动。学习这些必须有顽强刻苦的态度，千万不要绕着困难走。况且，初中时期正是提高各种运动能力的最佳时期。

国家制定了中学生不同年龄应达到的体育锻炼标准，这反映了国家对下一代有起码的要求。每个同学要经过自己的刻苦努力，逐步达到标准，不要等到初三毕业时，怕体育加分影响升学才开始着急（有报道称，某校在测试体育加分时，有学生长跑时猝死，就是因为平时不锻炼，测验时拼命）。

---

① 苏霍姆林斯基：《育人三部曲》，教育科学出版社，1998年出版，第411页。

2. 体育锻炼的要点是贵在坚持

有的同学进行体育锻炼完全看心情，高兴时，可以一练就是几个小时，不高兴，一放就是一个月。这是体育锻炼最忌讳的。"三天打鱼两天晒网""一曝十寒"不但不能练出好身体，反而有可能对身体造成损伤。体育锻炼需要循序渐进，坚持下来，才能取得显著效果。

我们实验学校的一个初中班，学生从初一开始就坚持天天长跑，就连"三伏"天，"三九"天也不间断。结果，令人振奋的效果出现了：同学们都觉得自己的精力比以前充沛，体力明显增强，伤风感冒比以前极大减少了。在各种体检及运动项目测验中，这个班的水平大大超过同年级的其他班；站队时，这个班同学的个子普遍比同龄人高半头。

苏霍姆林斯基说："体育，这首先是关注健康，关注维护作为无价之宝的生命；其次，是有系统地进行工作，从而保证人的身体发育、精神生活以及多方面的活动能够协调一致。如果把儿童的体育理解为，主要是完成有助于儿童机体的正常发育并能增强体魄的劳动制度的话，那么对少年的体育就具有更加深刻的含义。"可见，体育锻炼中，"贵在坚持"是一条极为重要的经验。希望初中教师引导每一个同学，一开始就选准一项体育活动，坚持下来，把身体锻炼得更加强壮。

◇学生担心长不高怎么办?

到了初一年级，你会发现同班同学个子相差很大，有的快赶上父母的身高了，但有的还像个小学中年级学生。这当中，有的属于正常现象，如女同学先进入生长加速期，身高会先超过同龄男同学；而男同学每个人的生长加速期也会不同，有早的，有晚的。

不过，也有的学生是由于忽视了身高发育条件，造成身高发育不正常的现象，应该及早采取措施补救。身高发育，大致有四个方面的因素需要注意。

1. 体育锻炼

经过调查，专家们发现经常参加体育锻炼的同学比不经常参加体育锻炼的同学，平均身高要高出4～8厘米。科学的体育锻炼，甚至可以克服遗传带来的不利因素。苏联有一名叫阿赫麦托夫的运动员，他的父母都是矮个子，当他14岁长到162厘米时，再也不长了。他心里非常着急。这时，有一位专家为他设计了一套专用的体育锻炼方案。经过刻苦的努力，"奇迹"终于出现了，他的身高在3年中竟增长了23厘米。后来他成为跳高冠军时，身高已接近190厘米了。

有助于长高的体育活动有三类：一类是伸展性活动，如单杠运动、篮球和排球；一类是跳跃性活动，如跳绳；一类是全身性活动，如游泳、长跑。

体育锻炼要长期坚持下去，不要半途而废。男生16岁以后，虽然生长得缓慢一些，但要到25岁才停止；女生15岁以后生长变慢，但也要到23岁才停止生长。

2. 合理营养

如果仅有运动，而无"原料"的补充，身体自然也发育不好，所以营养也是一个重要的条件。各种饮食安排，前面已有叙述，这里要补充的是，在运动量加大时，饮食量也要适当加大，尤其是十三四岁的孩子对营养的需求量很大，千万不可忽视饮食营养。

3. 充足睡眠

人在睡觉的时候，脑下垂体分泌的生长激素显著增加，有利于身高的增长。

有一个初三毕业生，由于长期睡眠不足，身高只有153厘米，同学戏称他为"部长"（不长）。但他考上中专后，由于住校，每天按时睡觉，按时起床，不到一年长了近20厘米，再见到原来的初中同学，就由过去他仰视同学，变成别人仰视他了，大家都很为他高兴。

4. 阳光照射

这一因素是人们过去往往不重视的，但是专家们作了很科学的调查，得到的结果十分有说服力，应该引起我们的重视。详见表2.1。

表2.1　各城市光照时间与身高对照表

地区	日照时间		男子身高		女子身高	
	小时（年）	位次	平均值（厘米）	位次	平均值（厘米）	位次
北京	2778.7	1	158.84	1	150.48	1
哈尔滨	2638.6	2	157.21	2	150.46	2
沈阳	2588.7	3	157.06	3	150.48	3
武汉	2085.3	4	156.5	4	149.98	4
广州	1945.3	5	155.52	5	149.23	5
成都	1239.2	6	153.8	6	147.95	6

（引自杨文兰《儿童少年健康指南》）

从这个调查来看，北京男女身高均居榜首，正是因为北京的光照时间较长。所以要想长高，要多参加室外活动，多晒太阳。

另外，疾病也会影响身体发育，所以初中生也要注意预防疾病。

◇预防近视，尽早发现征兆

现在，近视问题已经取代肥胖问题，成为威胁初中生健康的头号杀手！

全国中小学生近视眼防治抽样监测结果显示，近视眼发病率逐年上升，居世界第二位，人数居世界之首。十三亿人口中竟有四亿人近视。2010年的调查结果显示：小学生近视率为40.89%，初中生为67.33%，高中生为79.20%，大学生超过80%。更严重的是，近视眼发病率呈现出越来越低龄化、深度化、持续进展化的趋势。

1. 如何预防近视？

多数近视的发生与孩子从小不注意用眼卫生有关。因此，从小就要抓好以下几方面：

（1）看书、写字时，眼睛与书本的距离保持在33厘米左右，头要放正，背要挺直。

（2）注意用眼卫生。如有沙眼及其他眼部炎症，应积极进行治疗。

（3）每天坚持做眼保健操，每半年检查一次视力。发现有近视时，到正规医院进行医学验光，配戴合适眼镜。

（4）看书写字或看电视、电脑和手机30～40分钟，要停下来休息或望远8～10分钟。

（5）避免物像在视网膜上形成模糊影：光线不应过暗或过强，傍晚时避免近距离用眼，黄昏写作业时要开灯；不要在震荡、晃动的状态下（如乘车、走路时）阅读。

（6）加强锻炼。进行全身系统、持续、定时、定量的体育锻炼以增强体质、促进眼部血液循环和睫状肌的调节能力，有利于近视眼的预防。多参加户外活动，如放风筝、打球、爬山等，多看绿色植物，放眼远眺可缓解眼疲劳。

（7）劳逸结合，睡眠充足。保证充足的睡眠时间是消除视疲劳，恢复工作能力的重要因素。

（8）合理饮食，补充足够的微量元素及维生素，少吃甜食和膨化食品。近视患者普遍缺乏铬和锌，多食黄豆、花生、瘦肉、猪肝、鱼类、蛋黄等含锌丰富的食物以及牛肉、黑胡椒、糙米、玉米、小米、葡萄汁、食用菌类等含铬丰富的食物。维生素A、B1、C、E是眼睛进行新陈代谢时必备的营养成分，增加这些维生素，可以预防由于过度用眼所致的角膜干燥、视疲劳等。

实际上，现在近视形成的最主要原因，是孩子们眼睛太累。近距离的用眼活动太多，远距离的让眼睛放松的活动太少，睡眠质量又太差。如果不从思想上解决让孩子全面发展的认识问题，预防近视的措施就不可能落到实处。

2. 尽早发现近视

初中生活泼好动，眼睛不容易疲劳，即使视力有一定程度的下降，也往往不易察觉。但是，当他们自己感觉视力不好时，看东西常常需要"眯缝着眼睛"的时候，近视已相当厉害了。因此，大家需要了解初中生近视前有哪些征兆。

一是尽早发现眼疲劳。如看书时感觉字迹有重影、浮动不稳。有些人在望远久后移向近的物体，或望近久后移向远的物体时，眼前就会出现短暂的模糊不清的现象，这是眼疲劳程度的加深，近视的时间也日益逼近。

二是知觉过敏。不少人在视力下降后，会伴有眼睛干涩、发痒及眼部胀痛，有的人可扩散到眼眶的深部，甚至引起偏头痛及颈项、肩背部酸痛。

三是全身神经失调。对学习会产生厌烦情绪，听课时注意力不够集中，反应也有些迟钝，脾气变得急躁，对原来喜爱的东西也缺乏兴趣，学习成绩下降。晚上睡眠时多梦、多汗，身体容易倦怠，且有眩晕、食欲不振等症状。

以上症状在眼科中被称为"近视前驱综合"。如果尽早发现，及时进行矫正，可将近视扼杀在萌芽阶段。

◇帮助初中生远离烟草和毒品

在强制戒毒所里有一批特别引人注意的吸毒者，因为人们感到奇怪：他们还是一群天真活泼的孩子，怎么就和毒品这个恶魔交上了朋友？难道他们不珍惜自己的生命？

13岁的小波，家里有一个吸毒的父亲，当他把家产吸得一干二净的时候，仍然不思悔改，母亲只好和他离婚。无人管教的小波经常看到父亲和他的毒友在一起吞云吐雾，躺在那里如醉如痴，好像非常舒服。又听见他们说："吸毒以后飘飘欲仙，想什么有什么，特别爽。"于是小波就特别想试一试。

他等父亲不在家的时候，就把他们扔在地上的锡箔纸、吸管和打火机捡起来，后来又偷偷找来毒品，没有吸几次就上瘾了。上瘾之后，他痛苦得死去活来，想不吸也不成了。没有钱买毒品怎么办？只好去偷。这样就越陷越深，不能自拔。

近年来，我国吸毒人数呈上升趋势。吸毒人群中80%是25岁以下的青少年，而且日益呈现出低龄化的趋势。在遭受毒品侵害的几百万青少年中，初中生的比例也在逐步增加。所以我们必须及时为中小学生敲响警钟。

初中生吸毒，除了像小波那样受到家庭不良影响的，更多的是因为好奇和无知，而接触海洛因、吗啡、大麻、快乐丸等；还有的是被骗上当，比如有的坏人故意在饮料、香烟里放进毒品，让你在不知不觉中上瘾，然后任人摆布。

艺人吸毒对无知少年的影响：

2014年，在近半年时间里，李代沫、张元、宁财神、张耀扬、张默、高虎、柯震东、房祖名等艺人，竟以接力赛的形式上演了一场史无前例的"毒品风云"。8月18日，当柯震东、房祖名吸毒被抓的消息传出时，记者圈子的微信群就炸开了锅，不少人提出封杀吸毒艺人。然而，一些粉丝竟然以"在国外吸大麻很正常"为偶像"平反"，妄想颠覆群众的看法。

网民@豆芽：吸毒就像抽烟一样，只不过劲儿比抽烟大一点而已。而且戒毒也很容易，大部分人在成立家庭后，或者当了父母后就会戒掉。

据禁毒支队警官分析：抽烟和吸毒是有区别的，吸毒的成瘾性极强。吸毒者为了避免戒断反应，就必须定时吸食，并且不断加大剂量，最终导致离不开毒品。相反抽烟没有那么大的依赖性，戒除的机会也较大。吸毒后造成的危害也比较大，大量吸食毒品会出现幻觉、妄想和类偏执状态，并伴有自我意识障碍，长期吸食还会影响记忆力和判断力。

网民@超幸福说：大麻不是硬毒品，所以在国外吸大麻都是合法的。

警官对此回应：吸食大麻违法，在国际上是通行的惯例。各国仍然奉行严厉的禁毒政策，其具体量罚在各国有不同的标准。例如在德国法律中，拥有和吸食大麻，可处5年以下监禁，并处罚金，对于量少者可酌情减免或不予起诉；意大利在2006年以后，对于吸大麻的行政处罚趋于严厉，携带大麻的累犯将被吊销驾照，并处以48小时拘禁。目前，只有荷兰等极少数国家规定吸食大麻是合法的，但也必须在规定的地点吸食。所以"大麻合法化"的言论都是不科学的。

值得注意的是，吸烟往往会成为吸毒者的入门药。

调查发现：男性吸毒者百分之百原来就有吸烟的习惯，女性吸毒者有百分之五十原来有吸烟的习惯。所以初中生要想远离毒品，首先应该拒绝吸烟。香烟虽然不是毒品，但是对人的身体伤害也是非常严重的，这点早就被科学研究证实。所以中小学生一定要坚决拒绝吸烟。

在中小学常常出现这种触目惊心的场面——一群学生，躲在厕所附近，互相递烟、点烟、抽烟。老师一来，他们就装作没事的样子。

初中生开始抽烟，并不是生理的需要，而是独特的心理需要。许多中小学生开始吸烟一方面是出于好奇，另一方面往往是出于好面子，好像人家好心好意地"敬"你一支烟，你如果不抽，容易被人家误认为"摆架子""不给面子""不识抬举"。其实真正的友谊绝不是靠吸烟来建立的，如果真正是好朋友，对好朋友负责，就应该共同学习科学知识，了解吸烟的害处，保护自己的身体，而且向更多的人宣传拒绝吸烟和远离毒品的意义。

教育初中生不吸烟，远离毒品的工作，虽然比较难，但坚持下来会有效果。苏霍姆林斯基说："我再三警告初中生，给他们讲吸烟的严重后果。这使得我的学生中，没有一个人在学生时代抽过烟。'每个人都要给自己当医生，要同自己的不良嗜好作斗争。'——这句话起了重要作用。"

◇不要轻视初中生肥胖问题

近些年，初中生甚至儿童中出现了越来越多的"小胖墩"，遗憾的是，有些人还没有意识到它的严重性。这种体型不仅影响孩子参加体育锻炼，而且影响孩子的心理，更重要的是埋下了冠心病、糖尿病等隐患。

家长、教师要引导初中生积极减肥，不要漠视肥胖的危害。初中阶段正是迅速发育的时候，决不能让肥胖成为初中生发育的阻碍。

对初中生来说，很容易在同伴之间传播一些不恰当的减肥方法，例如"饿肚子"，乱吃减肥偏方。肥胖的原因有很多，但基本上是由不健康的饮食习惯和不良的生活方式造成的。

学生应在保证身体健康的前提下安全有效地减肥：

1. 培养良好的饮食习惯

初中阶段是成长的关键时期，需要补充多种营养元素和能量。教师、家长要引导孩子少吃零食，少吃含脂肪多的食物，多吃富含优质蛋白、维生素和矿物质的食物，如鱼、禽、蛋、奶、豆制品、蔬菜、水果等。营养均衡，才能保证身体健康发育。

减肥需多吃富含维生素、纤维素的新鲜瓜果、蔬菜，不吃含高糖、高盐或高脂的垃圾食品，如麦当劳、肯德基的食物。

延长进食时间可降低食欲（因为胃饱后会把饱的信息传到大脑，需要15分钟）；吃饭时应该先吃蔬菜，再吃主食，最后吃肉，这种顺序能使孩子多吃蔬菜，少吃主食与肉。

同时要纠正初中生偏食、挑食、厌食的不良习惯。在这方面，家长必须以身作则：一方面，认真培养家庭成员科学的饮食习惯；另一方面，家长要带头改正自己偏食、挑食、厌食的不良习惯。

2. 改变生活方式

许多初中生由于迷恋电视和网络，长时间静坐，从而导致肥胖；而体重、体型的变化，又导致初中生越来越不爱运动，尤其是进入青春期的女孩子都偏静，月经来潮等也使她们宁可整天坐在教室里，也不愿出去活动。这种生活方式会成为一种恶性循环。

合理的运动是必不可少的，体育运动不但能控制体重，更重要的是有助于孩子全方位地健康生长。家长、老师要多鼓励孩子进行运动，可以利用学校的体育课或其他课外活动时间锻炼。选择运动量和强度较小、对抗性不大的运动为主，比如骑自行车，跳健美操和艺术体操，打羽毛球、乒乓球，滑轮滑等。

3. 更新审美观

现代体形美，应该是以肌肉结实、有弹性为前提的身材高挑，而不是以消瘦为特征的"细高个"。由于传媒的误导，有的初中生竟然把瘦骨嶙峋的模特当作优美体型的代表。在当代，初中生如何对待自己的身体，往往和审美观有关，只有树立了正确的审美观念，才能通过自己的主观努力，获得健康的体质。

◇怎样理解和对待上网成瘾的孩子?

进入网络时代以后，人们的生活逐渐发生了变化，每个人要面对的是三个世界。也就是在真实的自然世界、现实的人文世界的基础上，又增加了网络的虚拟世界。

网络的虚拟世界使人的生活空间极大地得到扩展，网络的全球性、多元性、快捷性等特点，使得人们在短时间内，能迅速获得极大的信息量。网络的虚拟性，可以模拟、仿真现实，在一定意义上可以超越现实，对于激发人的想象力、创造力也会起到好的作用。

网络时代的到来，我们的生活方式，甚至思维方式都会发生巨大的变化，这是不以人的意志为转移的。聪明的做法是用"两手硬"应对网络这把双刃剑，即不仅在行动上控制初中生随意上网，还需要在思想上让学生认识到随意上网对自己的危害。

网络给孩子们带来了丰富的信息，对一些孩子来说，它就像天使。可是为什么对于另一些孩子，网络又好像魔鬼? 他们终日沉迷于网络中不能自拔。有的被网络中的游戏吸引，夜以继日地疯玩；有的则被网络中的"黄毒"麻翻，从早到晚地胡混；更严重的竟然为了得到上网的费用，去抢劫，去杀人，最终锒铛入狱。

可见，网络就是一个工具，在有些人手里，它会成为天使，为人带来幸福；而在另一些人手里，它会成为魔鬼，为人带去灾祸。关键在于掌握网络这个工具的人。也就是说，如果你能主宰自己的行为，让网络为你做有益的事情，网络就成为天使；而你若管不住自己，让网络牵着你的鼻子走，你的倒霉日子就会永无尽头。

中国教育科学研究院李清霞作的一项调查表明，初二是学生学习分化和沉迷网络的高发期。

在初二学生的日常生活中，选择"玩手机、电脑"（初一34.38%，初二48.42%，初三47.69%）、"看电视"（初一34.83%，初二40.42%，初三39.96%）的比例均高于其他年级。

进一步考查学生用手机或电脑常做的事情，初二学生选择"聊QQ""玩游戏"的比例均高于其他年级。可以看出，初二学生上网的比例最高，而且偏重满足交往和休闲娱乐的需求。

本次调查中有关性教育的数据显示，7.14%初二学生的性知识来源于"成人片、成人小说"（初一5.15%，初二7.14%，初三6.82%）。众所周知，网上的色情信息几乎是未经筛选和处理的，其煽动性、色情和暴力都会对初中生产生负面影响。

1. 面对网络虚拟世界，初中生有三个不利因素

第一，生活经历贫乏。

网络虚拟世界对于生活经历贫乏的初中生来说很难区分真假。不用说幼小的孩子常常把幻想当作现实，就是初中生也不时出现把主观当作客观现实的情况。心理学家皮亚杰就曾经戏称"少年是天生的社会评论家"，他们往往以为社会没有按照自己的想法去做，就是社会错了。

初中生在网络的虚拟世界面前，一方面容易把虚拟误以为真；另一方面也容易认为自己真实的愿望、问题，只要在网络上"虚拟"式地解决了，就可以了。

第二，文化水平不高。

初中生的文化水平不高，科学知识不丰富，尤其是缺少建立在直接经验基础上的真知，难以判断网络上信息的真伪，难以进行准确的价值判断。

有的学生甚至连基本的分析、推理能力都缺乏，更不用说去驾驭五花八门、千变万化的网络虚拟世界。

而这种知识、能力，首先应该在现实世界中掌握，而不是孤立地单纯依赖网络。

第三，心理不成熟。

网络的虚拟世界，对于心理尚未成熟的初中生非常不利，他们正处在"自我"的初级阶段向高级阶段的过渡时期，这个阶段他们好像找不到"自我"了，分不清现实与想象。有时怀疑自己是不是真实地存在；怀疑他是在做梦，还是在别人的梦中；甚至突然怀疑自己的母亲是不是真的，"我的母亲为什么是这个样子？"……

这一切，正反映了他们的自我意识在发生关键性的质变，思维能力也处在从片面走向全面，从表面走向深入的阶段。虽然这个时期初中生对自我的混乱是很自然的，但是在此时进入网络虚拟世界，却对他们十分不利，有可能助长了心理向混乱的方向发展。

有一个网络高手竟然说："如果一定要让我说出一个敬畏虚拟世界的理由，那就是虚拟世界比现实世界精彩百倍。如果给这个敬畏加上一个期限的话，那就是一辈子。"应该说，虚拟世界与现实世界相比，各有精彩之处，如果只知道虚拟世界比现实世界精彩，甚至还要精彩百倍，这种糊涂观念就有可能使一个初中生一辈子逃离现实，陷入网络而不能自拔。

一位初中生，想在网上找朋友，他找朋友的条件、方法、所用的语言，都只能来自现实生活。是在现实生活中，他形成了他的看法，练就了他的能力；反过来说，在网上，他结识了朋友，有了许多互动、交流，提高了自己的思想境界，但最终，必须回到现实的物质世界和精神世界，人生才有真实意义。

要想顺利地渡过这个时期，关键是孩子必须更多地参与实践活动，更好地理解大自然和人类现实世界。目前的危险，在于许多人没有看到这点，而是恰恰相反，在竭力使用网络，把初中生引向虚幻的世界，这就制造了混乱，增加了初中生顺利过渡的困难。

所以，对于未成年人来说，尤其要解决网络与现实世界的关系。教育者应该牢牢把握住，未成年人的发展必须以现实世界的实践为主，网络学习为辅的原则。这是解决网瘾问题的基础。

如何具体解决孩子已经上网成瘾的问题呢？抛开那些表面现象，从大量调查分析来看，造成孩子上网成瘾的根本原因有两个：缺少家庭关怀与温暖；文化生活单调、贫乏。因此要对症下药。

2. 帮助学生解决家庭不温暖的问题

绝大多数上网成瘾的学生，都存在家庭不温暖的问题。有的家长感到冤枉："孩子不缺吃，不缺穿，钱也没少给……"其实，温暖不能仅仅是吃饱穿暖，更重要的是对孩子内心世界的关怀。尤其是初中生，他们的精神需求更加强烈。

当学生内心孤独的时候，家长和老师如果不能理解，反而从学习角度施加压力，经常给予负面评价，那么，他们很容易到其他地方去寻找慰藉。网络游戏恰恰在这方面能够满足他们的心理需求。网络游戏经常给予参与者鼓励，不断让他们感到有成就感，感到自己是主人，能够得到现实生活中得不到的尊重。这种虚拟的成功，就会让初中生慢慢陷进去。

解决的办法，就很清楚了——关心学生的内心需求。在家庭和学校中，多多鼓励孩子。即使他学习成绩不好，成人也不能冷言冷语，而是要主动关心、了解他，热情给予帮助。

3. 帮助学生解决精神生活不丰富的问题

上网成瘾的学生的另一个特点，就是文化生活非常单调。一天到晚除了上课，就是做作业。初中生的兴趣其实是非常广泛的，但是被学业压得喘不过气来。这时候他们会想尽办法偷偷地到网络游戏中减压，天长日久就上瘾了。初中生抵制诱惑的能力很低，明知不对，也会越陷越深。

解决的方法，就是丰富初中生的精神生活，用有意义的丰富多彩的活动，吸引他们转移兴趣。首选的方法是组织体育活动，精力充沛的初中生，没有不愿意参加的；其次是开展开阔眼界的活动，到风景区、历史遗迹、博物馆参观访问，既满足了他们的精神需求，也有助于提高他们的知识水平；再有就是文化娱乐活动，这类活动符合初中生的兴趣，更有可能代替网络游戏。

当然，无论采取何种措施，老师和家长必须在观念上，首先解决让学生全面发展的问题。

对于网瘾比较严重的学生，则可以采取以下比较有效的三种方法[1]：

第一，动机性约谈法。

侧重以一种建设性的态度面对患者，使用一些诸如失去友谊、影响学业或激发人生目标等常见问题来诱发患者作出改变。青少年网瘾患者一般能够认识过度上网的危害，但他们又怀有害怕失去网络的矛盾心理，他们害怕不能随时在线与朋友聊天、不能尽情地进行网上活动等等，动机性约谈法就是要帮助患者克服这种矛盾。

动机性约谈法是平和式的而非挑衅性、冲突和争论型的疗法，从这个角度讲它是被动性的，一般来说其进度相当缓慢。使用这种疗法不仅可以探察出青少年网瘾患者的上网长短、上网心理和行为结果，也可以为即将采用的治疗方案作进一步评估。动机性约谈法经常包含如下一些问题，例如，你每周上网多久？上网时你常使用哪些软件？你最喜欢网上哪些东

---

[1] 金可心：《青少年网络成瘾原因及纠治研究》，《决策探索》，2016年10月28日。

西？最不喜欢哪些东西？网络对你有哪些影响？有人说过你上网时间太长吗？……动机性约谈法的目的就是要帮助网瘾青少年彻底认清过度使用网络的恶劣后果。

第二，认知行为法。

认知行为法包括三个步骤：控制互联网使用的行为调节、纠正认知扭曲的认知重构以及降低与网瘾有关的伴生危害。由于当今社会对互联网及其技术的依赖，计算机已经成为我们日常生活的一部分，因此，生活、学习和工作中杜绝网络是不切实际的。这种方式侧重于从改变"认识—行为"角度治疗网瘾。

首先，我们要区分计算机行为和非计算机行为，前者指合理目的的计算机受控性使用，后者指因日益关注网络而不能正常管理自己日常事务的成瘾使用（具体表现为花费更少的时间在日常事务中，忽略朋友、忽视学习和正常的团体活动等）。网瘾青少年通常花费大量的时间在网络游戏、网络聊天或网络赌博上，管理上网时间是认知行为疗法的核心。

其次，认识过度在线时间，调节行为模式。网瘾青少年由于十分注重在现实中的自尊，易于形成网络上的极端尊严感。例如，沉溺于游戏的青少年能够在网上获得现实中无法获得的成功感，网络中的匿名性可以让青少年隐藏许多现实中的不足，从而赢得更多网民或异性的关注。认知行为法就是要粉碎这种思维模式，将这种感觉放在更微观的分析下，使其认清并避免这种思维模式。

最后，认知行为法要解决与强迫性使用网络相伴生的其他问题，防止网瘾的复发。人们常常错误地认为，克制了上网时间就等于治愈了网瘾。实际上，网瘾的治愈并非仅仅指控制住上网时间，我们必须对构成网瘾的潜在因素适时关注，尤其是要延长对不上网期间患者情绪和心理状态的关注。

第三，住院治疗法。

自2000年以后，我国加大了对青少年互联网成瘾防治的研究，部分医院也对治疗青少年网瘾进行了一些临床治疗尝试，取得了非常宝贵的经验。但是，我们也要看到，在青少年网瘾住院治疗这一领域的研究与实践仍需加强。我国亟须在青少年网瘾的住院治疗上规范程序，从生理与心理层面上树立科学与人本两大理念，杜绝虐待、监禁等残暴行为，防止以绝对权威的方式进行洗脑和以此为借口的种种牟利行为。

正确对待初中生的性萌动

　　每个人性成熟的时间不同，有早有晚，但进入初中后，每个学生都会先后进入性成熟期。性成熟是一个健康人的正常发育现象，但是由于我国长期处在封建社会，关于性的科学知识不能正常传播。近些年，随着网络时代的到来，不可避免地又有一些不健康的性知识、性信息，干扰青少年的健康成长。所以初中教师应该帮助学生以科学的态度，认真地学习性生理、性心理、性道德的知识，使他们能够健康成长。

　　《中国儿童发展纲要（2011—2020年）》明确提出"把性与生殖健康教育纳入义务教育课程体系"。

◇生理的发展引起心理的变化

1."祝贺你，你已经长大了！"

　　当女孩首次出现月经，男孩首次出现遗精时，有经验的父母就会郑重地对孩子说："祝贺你，你已经长大了！"家长这样说是有道理的，因为月经初潮和首次遗精是一个人开始性成熟的标志。当然，这只是从生理角度说长大了。要是从思想上、行为上、心理上说，少年还远远没有成熟。

每个人性成熟开始的时间也很不一样，我国平均在十一二岁到十六七岁，多数女孩在初一初二出现初潮，而多数男孩则要到初三或高一才出现遗精。不过一般在9～18岁这个范围都属正常，只要其他方面发育正常，都不必过于担心。

由于缺乏性卫生教育，一些进入性萌动时期的少年心理十分紧张，甚至出现过不应有的悲剧——"曾有一位因遗精而卧轨自杀的青年，在遗书中写道：我得了不治之症，只好卧轨一死了之"[1]。

近些年，由于多元文化的影响，再加上性教育不够规范，性健康出现了更多、更严重的问题。一方面是性犯罪、过早性行为、非意愿怀孕和性病发病率上升；另一方面是性知识严重缺乏。2011年的一项调查表明：76.1%的初中生不知道"人流"的危害性；67.3%的初中生对避孕知识一无所知；61.1%的初中生不知道怎样预防性病；64.6%的初中生不知道女孩如何防范性侵犯。[2]

随着生活条件大大改善，营养丰富，再加上性信息刺激增多，现在全世界范围内，包括我国，性成熟的年龄都有逐渐提前的趋势，所以初中学生掌握一些性成熟的知识是很有必要的。

"身高的增长虽有一定的个别差异，但从全体孩子身上发现以下规律：身高增长最快的时期也就是性成熟最迅速的时期。"[3]这点应该引起我们的重视。

2. 初中生已经明显出现第二性征

到了初中，男孩女孩除了生殖器官开始成熟外，其他方面的生理特征

---

① 叶恭绍：《性知识手册》，科学技术文献出版社，1985年出版，第3页。
② 柳扬、钟子渝：《青少年性教育现状调查》，《中国性科学》，2011年8月第20卷第8期。
③ 苏霍姆林斯基：《育人三部曲》，人民教育出版社，1998年出版，第385页。

（叫第二性征），也开始有了差异。

这些特征的出现，一般也有一个先后顺序，不过，人与人也有较大差别。见表3.1、表3.2：

表3.1　男孩第二性征出现的大致平均年龄

年　龄	特　征
10—11 岁	睾丸开始增大。
12 岁	喉结开始增大，个子长得最快的一年。
13 岁	阴毛初生，体重增加最快的一年。
14 岁	声音变粗、低沉，有的出现暂时性乳房肿。
15 岁	腋下生毛，开始有胡须、痤疮（青春痘）。
16 岁	四肢和身上可能长出汗毛。
18—19 岁	骨骼（指长骨）生长完成。

表3.2　女孩第二性征出现的大致平均年龄

年　龄	特　征
9 岁	骨盆变宽，臀部变圆。
10—11 岁	乳房开始发育，出现阴毛，身高、体重增长最快的阶段。
12 岁	乳房继续发育。
13 岁	乳房显著增大，乳晕明显。
14 岁	出现腋毛，月经初潮（多不规则，且不排卵）。
15 岁	骨盆显著地增宽。
16—18 岁	月经有规则且排卵，长痤疮（青春痘），骨骼（指长骨）生长完成。

3. 身体发育引起心理的剧烈变化

初中生随着生理的逐渐变化，心理也必然发生显著的变化。

首先是对性知识和异性有很大的好奇心。学生很想知道自己身体究竟出现了什么变化，是什么性质的变化，为什么出现这些变化，自己的变化是否正常，怎样对待这些变化，今后还会有什么变化，等等。有的学生想知道"为什么我会长胡子"，有的学生表示"我有月经了，这让我非常烦恼，也很尴尬"，有的说"脸上长痘痘了"，有的疑惑"为什么我也长肉，但是长的是肚子肉，不是腱子肉"……我们教师要重视、理解，并且解决好初中生的这些苦恼。

这种好奇心和苦恼是正常的、合理的，教师要引导学生正大光明地选择一些科学读物，认真地学习。

由于发现男女有明显的差别，又有了一知半解的了解，于是，学生对异性开始有一种异样的感觉。据小学老师反映，"对异性有感觉，在四年级的时候还不太明显。六年级时感觉就是那种懵懵懂懂的喜欢"。一方面心理产生不安和害羞，另一方面又对异性产生好奇和兴趣。表现在行为上，一方面出现暂时地疏远异性同学，一方面又禁不住去注意异性同学的一言一行。

有研究表明：从小到大，孩子们对异性的理解与表现大致分为五个阶段——无知，朦胧，好感，爱慕，钟情。

其实过分划分男女界限，是受了封建时代"男女授受不亲"的影响。教师应该鼓励学生大大方方地与异性相处，互相学习，互相了解，保持健康的友谊。

我在初中阶段，对异性有一种特殊的好奇又紧张的感觉。当时少先队要求如果在路上遇到另一个少先队员时，要像解放军那样相互行队礼。一旦对面来的是女孩子，我远远地就紧张起来，看得出，对面的那个女孩子也是紧张得要命。如果对面的女孩子故意低头而过，我就非常有失落感。

苏霍姆林斯基指出："在13～14岁时，女孩子便开始发育成女人，而男孩子还远远没有达到能理解生儿育女和传宗接代的奥秘阶段。人体在发育阶段上的这种差异，是十三四岁，尤其是12岁的男女孩子之间常常发生冲突的根源。"

如果班集体舆论比较健康，初一的同学很快就会渡过互相疏远期，而变成愿意互相接近，一起开展活动，一起讨论学习上的问题。①这时候，男女同学都开始表现出自己性别角色中的优点来：男孩以刚强、勇敢的美德在集体中树立威信，女孩则以温柔、善良的品质去博得大家的好感……这些都属于心理健康的表现。

值得注意的是，有的同学原来就没有打下好的品德基础，再遇上黄色书刊、不良网站，往往经不住这种强大的刺激和诱惑，整天不自主地想那些诱人的情节，甚至想亲自去模仿，这就不只会影响正常的学习，还很容易产生不良后果。这些都应该尽可能提前预防。关键是让孩子在丰富的精神生活中树立积极的人生理想。

如何对待初中生的"自慰行为"，需要引起教育工作者的重视。因为处理不好也会成为他们难以摆脱的苦恼。这种自己刺激自己性器官的行为，在很长时期内被称为"手淫"，并且被描绘成一种罪恶行为。但是男女孩，由于性激素的作用，有时又不容易自我克制，于是产生了无法摆脱的罪恶感，甚至出现过割伤生殖器官、自杀的悲剧。近些年全世界卫生工作者已经在多次会议上，负责任地申明将这种行为改称为"自慰行为"。目的是减轻青少年一些不必要的心理压力。当然，虽然"自慰行为"只要不过度，对身体没有影响，但是还是应该从正面积极引导孩子，安排健康的、丰富的学习与生活。

至于有的同学，偶尔把自己想象为电视节目或小说中的某个人物，制造出一些梦幻，这属于正常的心理现象。但要注意控制与调节，只要不变

---

① 孟育群主编：《亲子携手走出成长困境》，教育科学出版社，2013年出版，第162页。

成经常做"白日梦"，也不是什么严重的问题。

◇对"早恋"应该采取与时俱进的研究态度

"早恋"是一个古老而又常新的话题，社会的发展变化使"早恋"呈现出多种形态和多元化的观点。

针对"早恋，我们该怎么办？"，首先不是方法的问题，而是认识问题。正确的方法必须建立在正确的认识基础上，在正确认识的基础上，教师们在实践中才会创造出越来越丰富、有效的方法。

在多元文化交汇的今天，虽然对"早恋"会有各式各样的认识，但是并不意味着怎样看都可以，怎样做都允许。一些核心的认识、关键性的措施，全社会应该在不同程度上达成共识。

我觉得这些共识及应该采取的措施可以建立在以下两个方面的剖析上。

1. 在当代社会背景下分析"早恋"

在全球一体化的今天，世界文化不断融合，在推动人类进步的同时，产生的负面影响也不能忽视。卡通漫画、游戏机、网络游戏、影视、报刊中夹杂着的色情、淫秽的不良信息，必然影响着充满好奇、善于模仿的青少年；盲目崇拜西方、迷信外国的社会心理也影响着涉世未深、缺乏鉴别力的青少年。信息化社会的高度开放与社会上对异性关系包容度的提升，使初中生在身心两方面的躁动不安更加明显。

在这种背景下，"早恋"并不是如歌德所说的"哪个少女不怀春，哪个少男不钟情？"那样单纯、富有诗意，而是夹裹着当代各种思想意识带来的影响。受到西方"性解放"思潮影响的学生，就会主张"早恋应当提倡，这是社会进步、开放的表现"，甚至会因为自己没有"早恋"对象而感到"没面子"；教育工作者（包括一些媒体）则很容易对"早恋"过于宽容，甚至视而不见，放弃引导。而如果抱有"男女授受不亲"的观点，学生们会对男女同学之间的正当交往"起哄"，甚至散布添油加醋的小道消息；教育工作者则会规定"男女同学不许说话，人人都有揭发、告密的任务"，甚至对"男女同学之间产生好感"的表现，粗暴地在公开场合宣布为"耍流氓"。

从以上分析可以清楚地看出，对于所谓"早恋"，只能引导，绝不能粗暴地堵。

2. 在学生整体发展中认识"早恋"

一些有经验的教师这样分析初中生的"早恋"：初一学生恋爱可以称为"过家家式恋爱"，今天表白，明天就"拜拜"；初二则是"若即若离式恋爱""犹抱琵琶半遮面"；初三属于"患难见真情"，因为再不爱就各奔东西了，这时候教师越打压，反弹越大，恋爱决心越强。

"早恋"其实是不成熟的表现，但是特别应该注意的是：青春期不只是性生理、性心理、性道德不成熟，而是整个生理、心理、精神世界都不成熟。自我意识出现质的飞跃，成人感、独立性、经验型抽象思维的出现等都表明"早恋"易出现在初中生半成熟、半幼稚的心理阶段。

"早恋"并不是一个孤立的现象。应该看到每一个人都是一个系统整体，客观存在着多种系统，这些系统相互制约，形成一定的结构并协同发展着。性生理、性心理在少年期其实并不是一个中心问题（而是某些专家人为地不断强化为中心），这方面的教育，也只有放在系统整体中，占据一个恰当的位置，和其他系统相互配合、协同发展，才能取得较好的总体效果。

现在，一个值得注意的问题是，有一些进行青春期教育的人和机构，往往是孤立地进行性教育，他们的所谓全面，只是在性生理之外，兼顾了性心理和性道德；而对少年成长中的价值观、自我意识、社会交往等等极其重要的问题不够重视，甚至不加理会。

对人生价值有了认识之后，就会对性心理产生不同的导向作用，那些对人生有崇高理想的少年，就会理智地克制性萌动带来的干扰，追求高尚的友谊；而那些受不良人生观影响的少年，就会本着"青春不乐，一生白过"的原则，去追求性刺激，甚至向往腐朽的生活方式。

因此，我认为台湾著名作家刘墉提出"我认为越早恋爱越好，从初一开始都行"的看法不恰当的地方就在于，他没有看到这个时候的学生是全方位的不成熟，因此"早恋"不仅不会起到"小预防比以后大感冒要好"的作用，反而会对学生造成严重的伤害。

马卡连柯说："爱情不能单纯地从动物的性的吸引力培养出来。爱情的'爱'的力量只能在人类的非性欲的爱情素养中存在。一个青年人如果不爱他的父母、同志和朋友，他就永远不会爱他所选来做他妻子的那个女人，他的非性欲的爱情范围愈广，他的性爱也就愈为高尚。"苏霍姆林斯基说："人和世界上其他动物的区别，特别重要的一点是，人使性的本能高尚化。在精神生活的这个领域，理智和意志应该成为性欲的高度警觉的哨兵。……一个人在产生性欲之前他应该为心灵之美所陶醉，应该对他人怀有极大的道德责任感。只有在这种情况下，才会有牢固的、真正的爱情。"这些观点，才是关于在学生整体发展中认识"早恋"的相当深刻的阐发。

对于"早恋"应该采取与时俱进的研究态度。在一个发展极其迅速的时代，尤其要避免用停滞的眼光看待新一代。恩格斯对未来的婚姻、爱情的看法是："这要在新的一代成长起来的时候才能确定：……这样的人们一经出现，对于今日人们认为他们应该做的一切，他们都将不去理会，他们自己将知道他们应该怎样行动，他们自己将造成他们的与此相适应的关于各人行为的社会舆论——如此而已。"[1]

因此，我们绝不能用老眼光来对待"早恋"，而需要不断探索，总结经验，在教育改革推进中研究"早恋"。从教育实践中可以看出，广大教师已经作出了许多贡献。

尽管教育引导也是多元的，但是我认为以下几点是目前需要坚持的原则。

第一，"友谊是高尚爱情的学校"。

新课程标准明确提出了"情感、态度、价值观"的教育目标。爱情是一种高尚的情感，没有必要也不可能让孩子处处回避，应该及早进行有关爱情的教育。当然，这种教育对于尚不可能懂得爱情的初中生来说，其实就是进行高尚友谊的教育。

因此加强班集体建设，通过"友谊教育"进行"情感、态度、价值观"的教育，尤其是在初中，显得更加重要。

我们不鼓励男女孩子有"一对一"的过分密切的交往，但是要鼓励他们参加有异性在场的群体活动。因为与异性交往能够使他们身心健康。在与异性交往过程中，他们能够获得与异性友好相处的经验；获得批评与被批评的体验；学会宽容大度，善解人意，得到交往当中的安全感和稳定感。[2]正如苏霍姆林斯基所说："限制交往会使男女青年失去学会相互理解的机会。""友谊是高尚爱情的学校。在青少年时期没有学会与人结成真挚友谊的人，没有在同有着相同观点和信念的挚友进行精神交往中感受到巨大幸福的人，也不会感受到爱情的巨大幸福。"

第二，"让道德成熟走在性成熟前面"。

---

① 恩格斯：《家庭、私有制和国家的起源》，《马克思恩格斯选集（第四卷）》，人民出版社，1972 年出版，第 79 页。

② 孟育群主编：《亲子携手走出成长困境》，教育科学出版社，2013 年出版，第 166 页。

性心理不是孤立发展的，它必然受到发展着的思维、自我意识、价值观的深刻影响与制约。在青春期，人们往往以为只有"早恋"是一个特别需要关注的问题，其实，青春期有很多方面都处在重要的转折时期。所以不必缠着所谓的"早恋"不放，而应用更多的精力去发展少年的思维、自我意识、道德观、价值观，把有关性的教育自然而然地融进总的发展当中，而且要力争做到苏霍姆林斯基主张的"让道德成熟走在性成熟前面"，也就是把道德观、价值观教育紧紧抓住，让它们在人的发展中发挥灵魂作用、统领作用。

一个初中生，如果价值观正确，有良好的道德品质，也就意味着道德比较成熟了，这时候他再面对性成熟的各种问题，例如"早恋"、自慰行为、各种黄色信息，他就能够正确地处理好；相反，如果他已经性成熟了，但是道德没有成熟，那么他就会在各种性刺激面前，受到诱惑，甚至出现犯罪行为。

第三，灵活多样的引导。

青春期的学生处在充满矛盾的过渡期，虽然他们表面上有时拒绝成人，其实十分需要成人的帮助。只不过成年人应该以尊重的态度，机智地进行引导，即"尊重为主，疏导次之"。

对那些属于好奇、模仿性质的所谓"早恋"，教育家陶行知的分析既生动，又恰当。他说："每个人，无论男女，到了一定年龄是要谈恋爱，要过家庭生活的。但是，如树上的果子，是熟的好吃，还是生的好吃？像我们这里的杏树，要是没有熟就摘下来好吃吗？人也像果子，要长得成熟，有了学问，会做工作，又有养活子女的能力，就好比果子熟了，那时就可以得到真正的幸福了。要是书还没有学习好，工作能力没有培养好，就来谈恋爱，会有好处吗？"①

---

① 左其沛：《中学德育心理学》，吉林教育出版社，1990 年出版，第 147 页。

而对于已经深深陷入"早恋"的同学，前些年，由上海社会科学院青少年研究所姚佩宽提倡的"冷冻法"，是教师、家长、同学都能够接受的机智做法。具体的做法是：首先，成人要表示对双方感情的尊重，强调爱情是一种高尚的感情；然后分析"早恋"就是恋爱来得太早，对于不成熟的孩子会带来坏处，因此建议他们在中学时期，暂时冷冻感情，投入学习。特别要强调"暂时"，因为将来可以在适合的时期化冻。比如双方进入大学后，或者大学毕业后，两个人虽然情况有所变化，但是如果仍然很有感情，则可以确定恋爱关系。

对于初中生"早恋"当中的分手问题，我们应当重视并且加以引导。要减少孩子分手时的不愉快，尽量让他们留下美好的回忆，而不是对异性的偏见。

多举行集体活动，为男孩女孩提供正常交往的平台。如有的学校在初一时给孩子举办成长仪式，设立"男孩日""女孩日"，让青春期的男孩女孩在一个庄严的场合认识自己——"我长大了"。这样，男孩女孩心中就多了一份责任，他们会不自主地关注自己的未来，而不是迷恋当下的所谓恋爱。

北京十一学校李希贵校长的做法，是通过学生社团活动，给男女生创造正常交往的机会。李镇西的"我就当作没有看见。最好趁他们没有发现就悄悄地离开，事后再教育他们"，魏书生"对于成绩好的，不点破，让他们互相帮助、互相勉励、共同进步"，都应该看作是对"早恋"的进一步研究，全社会应该鼓励继续进行这样的探索。

一个年轻教师曾神秘地对我说："我发现一个现象，优秀女生都喜欢坏小子。"其实，不少教师也发现了类似的现象——成绩不好的男学生和成绩很好的女学生最容易产生恋情。原因是，前者因为成绩不佳需要确立自己的价值感，恋爱满足了这种自尊需求；而后者则因为成绩好被关注。坏小子有自己的人格魅力：大胆、率真、敢作敢当、敢于挑战权威。这些性格会使情窦初开的少女着迷。另外，坏小子可以激发女性身上的母性，女生以为唯有自己才能改变和拯救这个坏小子。当然，优秀女孩也有虚荣心，整日被人追捧很有面子，乐享坏小子的追求。

可以看出，初中生的情感不成熟、不稳定，还称不上爱，最多算相互吸引，在成长路上东张西望，寻寻觅觅。

作为教师，我们应该正确引导学生，帮助他们度过这个多事之秋。

我看到班主任刘老师处理学生恋爱问题就很有策略：她发现班级一个优秀女生和一个坏小子谈恋爱，但没有说破。有一次，刘老师邀请了这个女生和班级几个有主见的女生开会，以自己侄女喜欢一个坏男孩为例，请大家发表自己的观点和想法。这些女孩七嘴八舌地为老师出主意，这个女生领会了老师的用意，就和那个男孩分手了。

◇少年性爱的情感色彩和成人的完全不一样

中国的青春期教育，往往处于消极防御状态，过多地"谈恋色变"。

本来，爱情是美好的感情，我们不但不应该像防瘟疫一样围追堵截，而是应该积极地进行爱情教育。通过爱情教育使儿童、青少年的思想情感高尚起来。

在这方面，苏霍姆林斯基有着独特的见解，为青少年教育作出了独特的贡献。

苏霍姆林斯基多次强调，少年的性爱的情感色彩和成人的完全不一样。他指出："在丰富、有意义的精神生活的氛围中，男孩和女孩之间关系的隐秘的本质，被理想的、纯洁的、高尚的大家和相互接近的愿望掩盖。他们相互吸引的客观基础是性的本能，但如果直言不讳地对他们说到这一点，他们会感到震惊。"

1. 异性交往是自然产生的

在少年们健康的精神生活中，他们的交往是自然产生的，带有一种十分纯洁的动机。这点和成年人的异性交往的动机很不一样。而有些成人，恰恰是在这点上冤枉了少年。

有人回忆了少年时代对异性的特殊感情：……在每个月与她同桌的那两个星期内，我每天上学都会早来一会儿，课上发言也踊跃几分，每天都盼着日子慢点过去。而在与她不同桌的那两个星期内，我上课懒得回答问题，下课不愿多待在座位上，每天都盼着日子快点过去。[①]

在北京丰盛中学工作的时候，我和同事们一起，连续举办了六次夏令营。其中有一项内容——跳集体舞，是最受同学欢迎的。那一天，熄灯号会晚吹一个小时。有一次，已经十一点了，同学们还苦苦哀求"再跳一会儿"。我故意问道："不就是跳集体舞嘛，你们怎么那么上瘾？"一个初中男学生睁大了眼睛，悄悄地告诉我："冉老师，您不知道，跳集体舞的时候，要和女同学拉手，过去从来没有碰过，一碰，就和触了电一样……"

当然，现实生活中，的确也存在另一种情况：不健康的精神生活中则是突出、强化了性本能。例如，大众传媒中，尤其是一些黄色淫秽读物，对性的过度宣扬，肯定会对本来纯洁的少年产生不良影响。

但是，我们不应该只看到这种负面影响，就看不到少年精神世界的主流。这种情况下，最需要的是我们教师采取尊重的态度，细心地观察和引导学生。

2. 掌握尊重和理解少年爱情的艺术

苏霍姆林斯基主张："掌握尊重和理解少年的爱情的艺术，是使成人

---

① 岳晓东：《少年我心》，安徽人民出版社，2011 年出版，第 103 页。

和少年的精神世界和谐的很重要的前提条件。""在学校中必须杜绝不知分寸地、毫无必要地谈论学生之间的恋爱。……爱情在人的一生中应该永远是最灿烂的、最隐秘的、最不受侵犯的。"[1]"在我们的教师和学生之间有一种默契：我们都知道少年已了解男人和女人之间的隐秘的关系，但我们装出不知道的样子；少年们也知道我们成人了解他们在这方面的知识，但也装作对此一无所知。这是对应该渗透到成人与少年的关系中的正派作风的基本要求。这不是玩弄保密游戏，而是对人性的深切的尊重。"[2]

苏霍姆林斯基还主张："进行性教育的明智做法在于，尽可能少涉及有关两性关系的生理方面的内容。至关重要的是身体发育与精神生活的和谐一致。"[3]"少年还不理解的、一切与性成熟有关的现象，应当分头讲给男女生听。这种极为隐秘的谈话（男性教师给男孩子讲，女性教师给女孩子讲）不但不应当增加对性成熟的兴趣，而且正相反，应当使其减弱并变得高尚起来。"[4]

值得注意的是：苏霍姆林斯基的"尽可能少涉及有关两性关系的生理方面的内容"的这个看法与做法，和当前有些学校，尤其是一些所谓青春期教育专家的主张，有很大区别。这个区别，本质上是对"人的和谐发展"的认识不同。

不同年龄的孩子，需要掌握的性知识是不同的。有的人也许是出于好意，不但过早、过细地向孩子们讲解两性关系的生理方面的内容，甚至还加入具体的过程描述。他们对不同意这样做的人，批评其思想保守。事实说明，当孩子的理性认识还不能理解两性关系的神圣性的时候，如果满脑

---

[1] 苏霍姆林斯基：《育人三部曲》，人民教育出版社，1998 年出版，第 534 页。
[2] 同上，第 535 页。
[3] 同上，第 396 页。
[4] 同上，第 393 页。

子都是社会上传播的乌七八糟的东西，这些性知识反而会成为一种不良刺激。

所以，在初中阶段，更多地应该帮助学生理解什么是"两性关系的神圣性"，什么是"纯洁而高尚的爱情"。至于性生理知识，应该作为科学知识，严肃认真地组织初中生学习，原则是"不但不应当增加对性成熟的兴趣，而且正相反，应当使其减弱并变得高尚起来"。

◇让性本能变得高尚起来——理解崇高爱情

少年期是人的第二次诞生，这不仅仅是人在自己精神世界发展的阶梯上，迈出的最艰难、最重大的一步，也是男女从不成熟开始走向成熟的过程。

要想让少年意识到自己已成人，最重要的是使他们的精神世界高尚起来。而且将来他们还要成为"崇高道德的新家庭的建立者"。

1. 让性本能变得高尚起来

苏霍姆林斯基强调："性的本能、传宗接代的本能，是一种非常强烈的自然现象。正是这种本能需要通过一些细腻的关系使之变得高尚，所以应当在这种本能出现之前就提早开始这项工作。在童年时期，男孩和女孩之间的相互关系越是细致入微、精神关怀越多、越是亲切诚恳，则性本能就会变得越深刻、越高尚。"[1]

"这样做，是和我们崇高的教育任务一致的。说到底，教育的实质就在于克服自己身上的动物本能并发展人所特有的全部本性。"[2]苏霍姆林斯基这些话说得多么深刻啊！这才是正确的青春期教育。

---

[1] 苏霍姆林斯基：《育人三部曲》，人民教育出版社，1998年出版，第388页。
[2] 同上，第696页。

西方有些人散布"性自由"的观点，对青少年产生了不好的影响。和现在有些人津津乐道的"性与爱情分开"的观点相反，苏霍姆林斯基则强调："我们认为有必要使男女孩子们怀着深深的责任感，去对待他们相互之间的关系。恋爱自由需要最严厉的、最不容忍轻率行为的纪律和自我约束。只有善于把握自己的人，善于用理智控制本能的人，才能得到人类最大的幸福。只有在这样的条件下才谈得上恋爱自由。"①

2. 理解崇高的爱情

封建社会压抑爱情，把爱情歪曲成妇女的三从四德；西方世界的红灯区，妓女、妓男成为一种职业……孩子们如果大量接触的是这些两性关系，就根本看不到人类高尚的爱情，就不可能理解爱情的崇高，也不可能建立幸福美满的家庭。

在当前，我们必须加强爱情教育。那么什么是崇高的爱情呢？

苏霍姆林斯基说："要记住，爱情，这首先意味着对你所爱的人的命运、他（她）的未来承担责任。想借爱情寻欢作乐的人，是贪欲好色之徒，是堕落者。爱情，首先意味着奉献，把自己的精神的力量献给亲爱的人，为他（她）创造幸福。"②

"爱侣之间思想交流的最大乐趣，就是智力和美感的相互充实，逐渐认识和发现所有新的道德品质和美，这其中包含着爱侣之间渴求相互汲取一切美好的东西，并相互奉献。"③

爱情关系中的相互奉献，才是幸福的根源。然而，在当代腐朽思想的侵袭下，一部分人成为拜金主义者，他们公开宣称自己的恋爱观——"宁在宝马车中哭，也不在自行车上笑"。这些观念在信息时代会很快传播到

---

① 苏霍姆林斯基：《育人三部曲》，人民教育出版社，1998 年出版，第 535 页。
② 同上，第 703 页。
③ 同上，第 704 页。

初中生那里。

人的一生中，相伴时间最长、关系最密切、影响最深的，并不是父母和子女，而是夫妻。这种重要的关系，靠什么维系？靠什么持续发展？

苏霍姆林斯基指出："要记住，青年人结婚后有很大程度上，应该是自己爱情的创造者，而不是单纯是爱情乐趣的需求者。婚后，创造应该超过需求。如果不经常创造和积累精神财富，生理结合就不能达到高尚境界……"[①]

这个"爱情的创造者"的理念太重要了！幸福的婚姻需要爱情的滋养，需要夫妻双方的经营。

这种教育，不能等到谈恋爱或婚前才匆忙进行，而应该从小进行。

3. 从小进行爱情教育

爱情是人类高尚的感情，从小进行爱情教育，让孩子从小接触那些歌颂爱情忠诚的诗歌、寓言、传说、故事，使他们的性本能得到升华，精神世界逐步变得高尚起来。

我们中国有《天仙配》《梁山伯与祝英台》《田螺姑娘》等，国外有《丑小鸭》《白雪公主》《罗密欧与朱丽叶》，都是很好的爱情教育教材。

这些故事中，最显著的特点就是主人公的爱情超越金钱和物质利益，歌颂了纯真的爱情，歌颂了互帮互敬的夫妻关系。

即使是纯真的爱情，由于青少年的不成熟，这种爱往往也只能是从低向高、从浅向深发展。一般的规律是：第一阶段，双方的爱慕，着重以外表是否美丽，是否魁梧，是否帅作为重要条件；第二阶段，双方的爱慕，着重以是否有才能，是否有实力作为重要条件；第三阶段，双方的爱慕，则发展为着重以人品、精神境界作为重要条件。

---

① 苏霍姆林斯基：《育人三部曲》，人民教育出版社，1998年出版，第706页。

可以看出，爱情观，始终是一个人的人生观、价值观的重要体现。所以，爱情教育只能伴随着人生教育进行。爱情教育，并不是单纯的道德教育，还涉及"友谊是培养人的情感的学校"。"你从青年早期开始就应该去发现友谊之中丰富的精神世界。你未来家庭的幸福，依赖于你的爱情的纯洁性。没有友谊的爱情是浅薄的。"[1]

◇让少年学会尊重女性

人类发展进化的历史表明，能否崇拜母亲和爱护女孩子，是一个社会是否文明的重要标志。在大男子主义占统治地位的社会里，人们把妇女看作奴隶、工具……这种违背客观事实的认识，只会造成人们的错觉，障碍人类历史的发展。

1. 男孩子应当学会欣赏女孩子的智慧美、意志美和性格美

苏霍姆林斯基说："我一向认为一个非常重要的教育任务是，要使男孩子在童年期和少年期就应当学会欣赏女孩子的智慧美、意志美和性格美，而这样的欣赏，使男孩子本人的感情变得细腻起来，希望自己变得更好这一愿望，激励年轻人去好好劳动并促使他去努力加强自我道德教育。"[2]

苏霍姆林斯基认为："男孩与女孩之间，而后是少男与少女之间的纯洁关系，都取决于集体和每个人有怎样的尊敬母亲的情感。人类的母性，绝不仅仅是对延续种族的关注，这是一笔用千年时间造就出来的、最巨大的道德财富，这笔财富是一种强大的精神力量，它能够把男孩子培养成男人和父亲。他们之所以能够尊敬自己，珍惜自己的人格，就是因为他们能够

---

① 苏霍姆林斯基：《育人三部曲》，人民教育出版社，1998 年出版，第 711 页。
② 同上，第 357 页。

像尊敬未来的母亲那样去尊敬女孩子，像爱护家庭荣誉一样去爱护女孩子的人格。"①

"我坚定地相信，当不可思议的愿望和激情的最初的冲动，轻轻地叩击青年的心扉时，向他们揭示人类美的最高体现——女人的美的全部深刻的涵义，是十分重要的。我努力使男女孩子们都能崇拜女性的美，把它看作理想化了的、不可侵犯的东西，而在女孩子的心目中，要确立起隐秘感和贞洁感。"② "……如果一个人崇拜马克思所描述的那个世界中最纯洁、最隐秘的东西——妇女、母亲、生儿育女，他才有可能认识爱情的美。没有这种认识，这个人就不可能懂得并具有人的修养。如果我们当老师的，希望从学校里培养出来的人，没有一个是没有知识的，没有教养的，那么我们就应该在他们的少年时代，就是在他们即将成长为男人和女人的时候，使他们具有这样的认识。"③

2. 尊重妇女，意味着尊重生活

苏霍姆林斯基把女性美、女性的地位提高到应有的高度。他认为："女性美是人类美的最高体现，在这种美中可以看到新生命的诞生，看到美好事物的生长、开花和凋落。妇女是生活的体现者和创造者，她对人类的未来怀有最高尚的道德感情。尊重妇女，这就意味着尊重生活。""真正的女性美，集心灵美和身体美为一体，在劳动人民之中产生。在劳动人民看来，女性美除了包括美之外，还应该包括女性的柔弱，这种柔弱使妇女有权享受男人的尊敬和关怀。"④

"列宁在同克拉克·蔡特金谈话时强调指出，在恋爱上也必须克己自律。

---

① 苏霍姆林斯基：《育人三部曲》，人民教育出版社，1998 年出版，第 393 页。
② 同上，第 631 页。
③ 同上，第 617 页。
④ 同上，第 714 页。

我们男人在这方面起主导作用。每当你感情冲动的时候，一定要克制。要知道，爱侣之间的肉体结合从道德上来说，是精神的结合：他们相互尊重，准备白头偕老，同舟共济，共度此生。要记住，极力想在婚前发生性行为的青年人，会使内心世界充实、聪明正直的姑娘感到极大侮辱和愤怒。"①

苏霍姆林斯基还回忆到："在少年时期的我的学生集体中，形成了一个传统：集体对你个人的舆论，取决于你对母亲、姑娘和妇女的态度。这一传统成了推动自我教育的强大力量：每个小伙子都愿意以自己的言行举止来证明自己具有高尚的道德。"②

◇加强女孩子自重教育

当今社会，对于"女孩子自重和保持贞洁"的看法比较混乱，产生了许多困惑。这个问题如果不能解决好，将是人类的悲剧。因为在一定意义上，女孩子、母亲决定人类命运。

1. 母性自豪感教育

进行"女孩子自重和保持贞洁"的教育之所以重要，苏霍姆林斯基是这样分析的："我们特别注意对女孩子进行教育。这种教育可以称为母性自豪感的教育。……我是一个女孩子，将来就是一位母亲。大自然和社会赋予我一项伟大的使命——在孩子身上重塑自我和我热爱的人，把人类所创造的一切优秀的东西都移植到他们身上。"③

还有另一方面的重要理由，这就是"培养母性的自豪感的最终目的在于：女孩、女人在一定程度上应当成为男青年、男人以及未来的父亲的教

---

① 苏霍姆林斯基：《育人三部曲》，人民教育出版社，1998 年出版，第 704 页。
② 同上，第 507 页。
③ 同上，第 396 页。

师。她应当是家庭中聪慧的家长。只有具备了人类引以为豪的精神财富的前提下，女孩子才能在自己心中确立起母性的自豪感"[1]。

那么，怎么看待现在比较多的年轻人在婚前同居，而社会在很大程度上认可的现象呢？恩格斯对未来的婚姻、爱情的看法是："这要在新的一代成长起来的时候才能确定：……这样的人们一经出现，对于今日人们认为他们应该做的一切，他们都将不去理会，他们自己将知道他们应该怎样行动，他们自己将造成他们的与此相适应的关于各人行为的社会舆论——如此而已。"

看来，这就是恩格斯所说的新一代的行动。哲学家罗素也在他的《婚姻革命》中写到试婚的必要性。因此，只要是确定了恋爱关系，并准备进一步考虑结婚的时候，只要双方是心甘情愿的，这种同居有利于将来的婚姻的成功和稳定，是符合保持贞洁的原则的。

2. 追求物质享受使有的女孩子堕落

而现实严重的情况是有一些人为了享乐，毫无羞耻之心地进行性交易。他们的追求与正确的理念相差甚远。

2011年11月，闸北区检察院对闸北警方破获的一起未成年女性参与卖淫和介绍卖淫的特大案件提起公诉。该案涉案人员多达20人，其中多数为在校中学生，2人为未满14周岁的幼女，涉及上海市某职业学校分校、普通高中等9所学校。"不少涉案女生为零花钱主动卖淫、介绍卖淫，嫖客形成了固定'圈子'，形似日本社会的所谓'援助交际'。"

最近有一份调查报告显示：近二成女大学生认同傍大款。调查称，21.2%的女大学生认为"傍大款"很正常，并有1%的人表示"赞成傍大款或周末二奶，有机会自己也会这么去做"。

---

[1]　苏霍姆林斯基：《育人三部曲》，人民教育出版社，1998年出版，第397页。

女学生是有知识和社会地位的新女性，之所以傍大款就是享乐主义在作怪，没人逼她们如此，不劳而获的庸俗思想是她们可怕又可怜的内在动机！

总体来说，初中生处在性萌动时期，他们的性生理、性心理发生了比较大的变化。但是，这只是许多变化中的一种，教师应该在七种变化中整体把握好性教育。

现在学校过分突出了性知识教育，而缺少爱情教育。我们初中教师的任务应该是：通过耐心、细致的工作，最终让学生的性本能变得高尚起来，从而逐步达到产生崇高爱情的目的。

第四章

引导初中生从具体形象思维转变为抽象思维

　　小学生升入初中以后，就会发现学习内容和小学有着显著的不同，不但科目增加了许多，更重要的是，所学内容，由一般常识性的知识，变成了有系统的带有规律性的学问。学习方法也不能再像小学的那样——由老师考虑周到之后，把着手教学生学，而是需要自己动脑筋想办法，独立去完成任务。再加上上中学后见的事情多了，去的地方多了……这些都将促使初中生的思维向更高水平发展。

　　"智力和情感的不断深入发展，是少年时期的突出特点。思维无论是在反映客观现实各种现象的范围上，还是在思维过程的特点上，都提到一个更高的发展阶段。

　　"我们进行过多次同样的试验：给7～8岁的孩子和13～15岁的少年看同一幅重要历史事件的绘画，并向他们介绍了这幅画的内容。7～8岁的孩子对这幅画的外部特征表现出极大的兴趣，而13～15岁的孩子则对引起某种运动、状态和斗争的内部动机发生极大的兴趣。"[①]

　　"到了中学……一个教师教好几个班级，指导很多学生。因此，教师对每个学生的长处和短处，就不能够十分了解，这样指导起来，就不会那么

------

　　①　苏霍姆林斯基：《学生的精神生活》，教育科学出版社，1981年出版，第113页。

深入细致了，照顾就不会像小学那样周到了。"[1]

这时候，我们教师想具体帮助他们，就需要掌握初中生的思维特点。

◇初中生思维发生重要变化

1. 开始用概念来进行思维

到了初中，"少年开始用概念来进行思维，而这仿佛在他面前展现了一个新的、陌生的世界"。我们教师会发现，初中生可以在形象基础上，抽出本质来，形成一个抽象的概念。这是一个了不起的变化！比如儿童讲"爱劳动"，一定是指热心做值日、扫地，或是帮助妈妈刷碗等具体行为。而初中生就可以从这些具体事物中，概括出"一种热爱劳动的好品质"。如果拿"无限大"这个名词去问儿童，他一定茫茫然无法回答，因为在现实世界中，"无限大"是看不见的，如果能具体看到了，那反而就不是无限大了。而一个初中生，如果是经常爱动脑筋的，他的思维已经从具体事物中解放出来了，就可以抽象地把握住什么是"无限大"，就能够会心地说：哦，我明白什么是"无限大"！

发展抽象思维，还需要进行积极的智力活动。当前，一些懒惰又缺少思考习惯的初中生，迷恋于不费脑力、有刺激性的卡通漫画书。这样做不但会出现不良的品德，而且会阻碍抽象思维的正常发展。这点亟须引起教师、家长和社会各方面的重视。

当然，每一个初中生抽象能力的发展也不一样。它和学生经常采取的学习方法、态度有关系。有一个研究者指出：经常看电视的学生不如经常听广播的学生抽象思维能力强；经常听广播的学生不如经常看书的学生抽象思维能力强。这个说法是有道理的，因为电视是一种直观形象的艺术，

---

① 大西诚一郎：《初中生的心理与教育》，教育科学出版社，1982年出版，第10页。

这个特点容易使思维懒惰的学生，在轻易就能得到满足的过程中丧失思考能力。

比如，在古典小说《三国演义》中，对刘备的书面描述是："两耳垂肩，双臂过膝，双目自顾其耳……"学生读到这些抽象的文字，往往会展开积极的思考，在自己的脑海里，构建出鲜明的形象，尤其是"双目自顾其耳"——这两只眼睛要长成什么样，才能看到自己的耳朵啊！如果是看电视剧，则不可能产生这些有意义的独立思考，因为屏幕上演员扮演的刘备，已经用鲜明的形象吸引了学生的眼球，同时也令人遗憾地夺走了学生们的思维过程。

近期脑科学研究的成果，可以进一步说明形象思维与抽象思维的关系。最近我们拜访了国内研究左右脑的专家温寒江，他说："孩子很小就模仿周围世界。儿童做游戏，当医生，就是在模仿……动物也会模仿。——这些都是形象思维（模仿需要记住你的形象）；体育活动，也是形象，跳水要记住动作形象。"但是还必须发展抽象思维，"数学没有学好，就是抽象思维没有搞好。"

温老强调了认字能发展抽象思维。"三百万年都是形象思维，有了文字，有了抽象思维。"所以只看电视节目、图画书的学生，不通过文字进行思考，就不容易发展抽象思维。

温老认为形象思维是基础，"婴儿学说话是模仿，没有人教""脑科学解剖……发现一个大脑受伤的人，手术后，数学不成，语文成……"

由此可以看出，如果在上中学之前，学生没有积累起丰富的有深刻体验的经验，到初中需要进行"概括""抽象"时，就会有"巧妇难为无米之炊"的感觉，思维就不容易得到发展。当前，有些长期只死读课本，不参加实践活动的孩子，之所以思维能力发展存在困难，问题可能就在这里。

"亡羊补牢，犹未为晚"。孩子上了初中，也不要忘了多参加实践活动，多读书看报，不断丰富自己的感性体验，不断增加自己的知识积累。千万不要只为了应付考试，终日死记硬背课本、笔记。如果基础没有打好，到初中以后只能是"边学边补"，才能使自己的"经验型"抽象思维发展得更巩固、更稳定，为下一步发展到"理论型"抽象思维打下牢固的基础。

2. "经验型"抽象思维占主导

初中生思维能力有了很大发展。我教的初一学生，用他们的话说：自己变得"爱胡思乱想""总想不可能的事""有时，大人在说什么，我总想象他们说的内容，如，打牌出什么啊，说什么新闻，我都能想到情景，想象力明显比以前强了"……

初中生出现思维方式的变换，从具体事物中逐渐解放出来，有利于使兴趣朝着不在当前的而在未来的事物方向发展，这一点，对于他们的成长，有着极其深远的影响。

初中生的抽象思维虽然开始占优势，但并不像高中生那样用系统的思想和理论来指导自己的思维，而是十分需要感性经验的直接支持。比如对"辽阔"这个抽象概念的理解，初中生虽不像小学生那样理解为具体的"北海公园湖面""学校的广场"，但也是使用从不同渠道获得的具体经验加工而成。一个去过海边见过浩瀚大海，去过内蒙古见过茫茫草原，或者是在夏夜仰望过无际天空的初中生，对"辽阔"一词就会了解得更准确些。初中生理解"幸福"这个词，也不是仅仅从理论上去思考，而是首先得到一些感性经验的支持，不但需要有诸如"母亲对自己的体贴""集体对自己的信任""成功后的喜悦"，还需要有反面的"被人误解的痛苦""受到欺负时的心境""失败的沉重压力"等经验，来支持对"幸福"全面、深刻的理性理解。

初中生，往往让人感到看问题绝对化，其实并不是自以为是的表现，而是他们在执着地追求真理，由于不成熟而出现的一种"过渡"性质的表现。其实，他们在装作坚持自己意见的时候，一直是在积极思考，只不过自尊心在作怪，用这种绝对化来掩饰自己的犹疑和困惑。在他们表现出"搅理"的时候，是在用刚刚掌握的逻辑推理，维护自己的立论。甚至可以说，他们有时候是在用否定自己错误的方式，通过迂回的道路来寻找真理。

少年开始积极地运用自己的思维能力，一有机会就进行辩论。

我上六年级的时候，受到新思潮的启发，极力主张在课堂上多进行辩论，并且建议老师将课桌排列变成八个人一组。

第一次辩论，我到现在还印象深刻。因为是连续几天挖空心思想好了一个问题，提出来让别的组来回答，当时多少有点想难为别人，显示自己的厉害。

上课了，老师询问哪个组想提出讨论的问题，我立刻将手高高举起，得意地说出问题："氢气是容易燃烧的，氧气也是容易燃烧的，可是它们化合成水以后，反而不能燃烧，还能够灭火，这是为什么？"问题刚刚推出，正如我预料的那样，在别的同学还没有反应过来的时候，何震立马举着手跳了起来："我来回答！氢和氧能够燃烧，但是它们化合以后就变了，不再是原来的氢和氧，当然不能再燃烧了。"

这个发言虽然不算精彩，可是也挑不出什么毛病，因为我也只是前几天刚刚在课外书中看到这个知识，不可能再往深里说。其他同学也是"大眼瞪小眼"，一言不发。眼看着我所盼望的辩论无法进行下去，我立刻泄了气，第一次小组合作就这样草草结束了。不过，现在回想起来，它可能是中国第一次课堂上的"小组合作"，竟然是由小学生自己发起的！

到了初中，我和何震还是在一个班。我们俩仍然像两只公鸡一样，见面就爱斗。有一次到天安门参加联欢晚会，散会的时候已经晚上十一点，有些同学还不想走。这时候看法不同的同学分成两派辩论起来，我和何震成了两派的"意见领袖"。我们的观点是，后半夜还不休息，影响身体；他们的观点是，不要扫兴，偶尔一次，问题不大。最后还是以大多数同学同意我们的意见，结束了辩论。回家的路上，我对何震说："辩论应该心平气和，不必带情绪。"没想到何震反过来说："你看不见你脸色多么难看。"原来，初中阶段的学生还不善于反思。

◇片面性是初中生思维不成熟的突出表现

由于初中生的思维还没有形成统一的、完整的系统，他们的理论分析能力还很弱，所以这时思维的片面性就在所难免，几乎可以说是一个突出的特点。

初中生的"经验型"抽象思维，既然是靠感性经验支持的，如果这些感性经验本身总结得就不十分正确，那么，它所形成的抽象思维自然就不正确；如果头脑中的加工方法再不科学（不成熟的少年难免有此弱点），就更容易出现思维片面性的缺点。

在一所中学，曾经出现过这样一件看似十分矛盾的事情：中午，学校领导们正在开会研究如何表扬上午英勇救火的那几个同学的时候，有人反映，有个学生在操场上用桌椅打闹，破坏公共财物。等到把这个学生叫到办公室后，大家吃惊地发现他竟然就是上午参加救火的学生中的一个。这件事典型地说明少年的片面性，他在一个情景下会积极地去救火，而在另一个情景下却又去破坏公物。

少年思维的片面性主要有以下几种表现，希望教师能够帮助少年重视起来，然后自觉地不断改进。

1. 愿望和现实脱节

少年往往只强调自己的愿望，只想到"应该"，不考虑客观现实。常常以自己的愿望为标准来点评现实世界，而不看实际条件。初中生自己也承认："我经常幻想将来要发生的事情，经常以我的想法做事。"因此心理学家皮亚杰说"少年是天生的社会评论家"。

初中生的求知欲空前高涨，如饥似渴地吸收着各种各样的知识和信息。兴趣广泛，什么事情都跃跃欲试，往往自己也控制不住。一位初中一年级的学生说："我有着当一名作家的伟大理想（呃，电脑游戏专家，游戏制造也不错，业余导演也行）。我不习惯听天由命，更喜欢逆天而行。我行我素，这就是我。"

初中生由于对知识的海洋十分向往，有时候竟然把课堂学习放在第二位。我自己在初中阶段就是这种情况。从师大二附小保送到师大附中，我应该属于学习不错的学生。但是一年之后学习成绩落在全班下游。原因是，到了师大附中，尤其是发现学校图书馆可以一次借三本书后，于是我开始大量阅读课外读物，一发而不可收。不但贪婪地阅读"上至天文下至地理"等杂七杂八的书籍，还反复读鲁迅作品，饶有兴趣地模仿鲁迅的笔法写日记，不知不觉中就放松了课业，直到年末考试成绩出来，自己才大吃一惊，赶紧开始努力追赶，到了初中三年级才有好转。

2. 只顾眼前，不想后果

少年做一件事，只顾眼前，不想后果，常常做出许多事后后悔的事情，经常是以喜剧开头，以悲剧结尾。这说明少年实际上十分需要成人的指导。

我们老师，常常会看到这种情景：突然一个同学像狮子一样猛扑别人，打个人仰马翻。事后谈话，该学生会说："他把我惹急了，我就不顾一切地冲过去。其实刚刚打完，我就后悔了。"当然他的后悔往往也是片面的：“我把他打伤了，还得带他去医院治疗。我爸爸还得掏钱，我还得挨爸爸打。”

3. 只知其一，不知其二

初中生看别人，常常是只知其一，不知其二。认为这个同学好，就觉得他几乎没有缺点，常常为好朋友"两肋插刀"；一旦认为这个同学不好，就找不到他一点优点。原来很要好的朋友，为了一件小事情（例如，有一次没有和他一起结伴走），就可以宣布"绝交"。自己情绪偏激，不能够自我分析，还认为是别人不理解，常常一个人叹息："我好孤独，世界上没有一个人理解我。"

对自己的认识，有的也十分片面。我在初中班教课的时候，每个班都要进行一次调查，就是让同学写出自己的优缺点。结果是，每个班几乎都有两三个同学认为自己没有任何优点，也有个别人认为自己没有缺点。

4. 局部和整体对立

少年好钻牛角尖，钻进去出不来，喜欢把局部当成整体。有时蛮不讲理，自己还觉得很委屈。

"少年的这种片面性怎么理解呢？即使少年的个人见解具有绝对化的特点，但又不能把它看作是自以为是的表现。相反，少年经常试图用这种绝对性来掩饰自己的疑问和犹疑，情感积极性有时仿佛是用来弥补智力上的模糊不清的情况。少年把绝对性视为确定自己思想正确性的一种手段。"①

了解少年的人，会感到苏霍姆林斯基这一段分析十分精彩。它既把少年的矛盾心理和极端表现描述得活灵活现，又剖析了少年这样做的深层原因。不了解少年的成人，应该从这些分析中得到重要的启示，不再误解少年。

---

① 苏霍姆林斯基：《学生的精神世界》，教育科学出版社，1981年出版，第118页。

有些教师认为，少年的固执是由于他不愿意承认自己的错误，不愿意改正自己的错误。乍看起来好像是这样，其实初中生只是装作继续坚持自己的意见，他的思想一直在积极活动，在寻求正确的答案。对少年的观察表明，他对自己的错误感到十分难过，而且在这个年龄段，在自尊感不断增强的情况下，要求他冷静地、深刻地批评自己的见解是有些过急了。

◇怎样培养适合初中阶段的学习方法?

教师需要帮助学生掌握适合初中阶段的学习方法。从初一开始，学生就要根据学习知识的客观规律，掌握预习、听课、复习、作业、小结等各环节的学习方法，逐步改变小学时的"先做作业后复习"或"只做作业不复习"的学习习惯，培养"三先三后一总结"的学习方法，即"先预习，后听讲""先复习，后作业""先思考，后提问""学完一段作总结"。

1. 变盲目性、被动性为自觉性、主动性

小学阶段，往往是教师根据小学生的年龄特点，提供明确的、具体的学习目标和任务，督促学生学习。但是随着学生的成长，初中教师应该帮助学生尽快变盲目性、被动性为自觉性、主动性，掌握适合初中的学习方法。

首先，每门功课、每堂课，学生要了解自己的任务是什么，逐渐学会根据自己的实际情况要求自己。不能仅仅是分数上的要求，更重要的是细化到"会不会审题?""会不会自己发现作业的错误?""会不会提出关键问题?""自己的英语学习，薄弱环节是词汇量掌握不够，语法不懂，还是发音错误?"……

其次，自己会安排"书面作业"之外的预习、复习和培养能力的作业。（这点将在"两个大纲"部分详细探讨）

再次，学会检查自己的学习任务完成得怎么样。除了检查每天的家庭作业完成的情况，还要通过回答问题、作业质量，甚至自己测验自己等方法检查。发现问题或薄弱环节，自己及时、有针对性地提出解决办法。

2. 课堂上要集中注意力

课堂上是提高学习水平最关键的地方，因为教师的讲授集中展现在这里。如何学会听课，对初中生提出了更高的要求。

一是思维跟着老师的引导走，根据老师的要求开动脑筋，但是不要发散太远（尤其不要像小学生那样随着兴趣"离题八万里"）；一般说前20分钟，往往教师是讲新课、分析新旧知识联系、强调重点的时候，注意力必须集中。

二是积极提问题。不懂得的要及时问，有体会时，大胆发表自己初步的看法，有不同意见时，善于和别人交流。这种积极的思考状态，肯定能够帮助学生集中注意力。

三是采取措施随时提醒自己不要"开小差"。有的学生在铅笔盒上写上警句；有的把课下要做的事写在"备忘录"上，课上就不再想了；有的设法让自己睡眠充足，以保证上课时精神抖擞，精神集中……

3. 改进记忆方法

随着思维的发展和学习科目的变化，初中生的记忆方法也应相应变化，要逐渐改掉小学时期的两大毛病：一是死背不求理解，二是只会反复背熟这一种方法。学生要掌握一些有思维参与的新的记忆方法：

（1）分析知识材料，找出重点，然后把重点记住，而不是事无巨细，全死记下来。

（2）逻辑加工，进行各种分类，按类别记忆，这样就把内部联系也同时掌握住了。

（3）联想。发挥思维的创造性，用各种途径把难记的知识与好记的或已经熟记的知识联系起来。

（4）不同内容特点的材料，选用不同的记忆方法。如历史知识用"过形象电影"的方法，英语单词用不同场合反复使用的方法。

（5）根据个人心理类型不同，选择不同的记忆方法。如视觉记忆型的同学，尽量把需要记忆的写出、画出；听觉记忆型的同学，尽量把记忆对象用声音展现出来。

初中生记忆方法的改进，不仅有利于他们牢固掌握知识，也能反过来促进其思维的发展。

4. 打"翻身仗"

有相当一部分初中生，学习有些跟不上，除了采用以上措施外，还需要强调以下几点：

（1）信心。有的学生在小学时成绩属于中下等，到中学又急剧下滑，经过几番努力"挣扎"，仍无好转，使得他们在学习上完全丧失信心。对于他们的问题，不是加压能够解决的，而是首先帮助他们取得初步的成功，树立信心。

"成功教育"的经验是采取四个办法：低起点（以学生的实际水平作为起点开始学习，逐渐追上全班）；小步子（将比较难的学习任务分为几个小部分，降低难度）；多活动（多参与实践，获得体验）；快反馈（及时将效果告诉学生，让其树立信心或者及时调整，不要等到最后算总账）。

（2）意志力。新的任务比较困难、力不从心，使得许多初中生对自己的意志力更加重视，这部分将在第五章详细论述。

（3）习惯。在以上基础上，要保留小学时期养成的好习惯，抛弃坏习惯，还要养成满足中学需要的新习惯。比如养成自己制订计划、及时总结、预习复习、寻找资料等习惯。

◇ "重要的不是获得知识，而是发展思维能力"

2014年的春天，著名央视主持人白岩松老师走进了一所普通中学，与学校200多名师生代表进行了亲切的互动交流。就"中学生应该如何提升自己的情商"这一话题作了大约半个小时的演讲后，白岩松把更多的时间留给了师生进行现场提问。

某学生：白老师您好！我想问一下高考和中考的意义到底是什么？

白岩松：高考和中考的意义是为了让通往自己未来人生的你，拥有更顺畅的道路。

某学生：可是像乔布斯或者比尔·盖茨，他们在高中或大学的时候就辍学了呀，这是为什么？

白岩松：如果你确定自己是乔布斯或者比尔·盖茨的话，你可以作出自己的选择；但是如果不能确定，你还是要通过教育的途径让自己成为乔布斯或者比尔·盖茨。还有一个细节，即便成功了的比尔·盖茨，有相当大的梦想还是重新回到学校，去拥有自己的学位和学历。我还要告诉你：当你厌倦某些事情或者说你身在其中，总想说它不好的时候，你就会去找一些能验证你想法的例子，因此你把乔布斯和比尔·盖茨挖出来。但在全世界成功人士里，乔布斯和比尔·盖茨只是很小的比例，大部分成功人士都是规规矩矩，上完中学上大学，并且在这一过程中展现自己的。

某学生：白老师您好！我想问您：现在把好多大学的知识都挪到了高中，虽然老师都讲了，但是学生依然在很多情况下都不会去应用这些知识，在生活中用得也很少，您怎么看待这个问题？

白岩松：我认为这不仅仅是你们学校的问题，是中国教育理念的问题。的确我们看到高中学习难度越来越大，但是将来你会发现，一生当中用得上的是音乐、体育和美术，剩下好多东西都用不上。但换个角度去思考，人在受教育的过程中，不能总想着让知识变得有用。通过学物理而想学会换灯泡和修电阻丝，这些工作将来可以交给物业来做。但是在学习这些的过程中，是在培养你的思维方式和方法以及你对世界的认识。比方说物理，很多年前我采访杨振宁，他就跟我说：物理研究到尽头就是哲学，哲学研究到尽头就是宗教，这些东西是互通的。比如说数学，对我来说，现在很多人都觉得我是一个文科生，但是我有极强的理科思维，那可能跟我受过的训练有关系。表面上看它也没什么用，你说现实生活中我经常用立体几何、平面几何吗？但它某些原理会有用，更重要的是思维方式。我舅舅是一个很棒的中学数学老师，是我们那儿的NO.1，在我初二学平面几何的时候，他每天给我留一道题，是个游戏，他留的什么题呢？大家都知道解平面几何的题要画一条辅助线，我舅舅特损，他先把容易画的辅助线给我画出来，然后让我画第二条辅助线。经过那半年的训练，很多年后我回忆起来，我舅舅跟我玩的这个游戏，彻底改变了我的思维方式。面对一个问题，你想到了第一个答案之后，不会去想第二个答案、第三个答案，并且我知道生活中，有的问题都不止一个答案，于是你思维方式的多元化及另类思维就会产生，你就会有创意，这难道不是数学给我的启示吗？数学它有什么用呢？在这个学习过程中有没有改变你的思维方式和塑造你的思维方式以及学习的能力？所以我觉得教育应该把这些东西给你，最难的东西如果像填鸭一样填给你，我依然认为它简单得毫无用处。最简单的东西如果能让你拥有了复杂的联想，成为你能力的一部分，简单才是最有效的。

……

白岩松的回答立刻引起了与会者的共鸣。作为一名新闻工作者，他对教育的思考和理解理性而全面：既深入浅出地告诫孩子们，作为一个社会人提升"情商"的重要性（在主题演讲中），又不容置疑地驳斥了几个"天才榜样"，带给孩子们对学校教育的批判和质疑；既身体力行地阐述了体育和艺术教育的重要性（生活中坚持体育锻炼，以球迷身份与学生狂侃足球），又一针见血地指出了文化课学习的过程奠定了人的思维方式；既循循善诱地引导孩子们理解了人生和学习的意义，又理性地劝说他们不要在追寻意义的过程中失去生活"细碎的快乐"，而且列举了很多他在学生时代颇有实效的学习方法。

重要的不是获得知识，而是发展思维能力。我们能够清晰地领悟到：虽然知识的积累和技能的提升是学习最直观最显性的结果，但生命既有外显的变化，更有内在的积淀。我们绝不能将当前所学的知识、技能与未来生活中的具体应用作简单地勾连，更不能依此来简单地判定学习对生命成长的意义！我们教师是孩子生命逐渐成长和丰盈的见证者、陪伴者和推动者，我们要解开的是生命成长的密码，等待我们去揭示的是学习发生的真相。那它就绝不仅仅是结果，更重要的是学习的过程，而这就是大脑思维的过程。

著名物理学家劳厄曾经说过："重要的不是获得知识，而是发展思维能力。教育无非是一切已经学过的东西都遗忘掉后所剩下的东西。"这说明思维本身既是学习过程中的必然活动，而思维能力的形成和发展又是学习虽隐匿却稳固可靠的结果；这项本质能力的提升会继续作用于下一次学习活动的发生，并决定了在后续学习中运用知识的效率和解决问题的效果……循环往复，思维能力不断提升，思维模式越来越完善，人的头脑就越来越智慧、成熟。

作为一种能力，思维是可以通过系统的训练得以培养和发展的。但思维本身是人内在的一种高级心理认知活动，是人的大脑对客观事物本质属性和内在规律联系间接、概括的反映，无法由除认知主体以外的人来替代进行或完成。人的心理过程是由需要产生动机，再由动机推动思维，最后由思维支配行动。作为教师的我们能够通过创设情境来激发学生的心理需求，能够在学生思考过程中提供线索和帮助，但最终以何种视角和方式去观察事物或认知世界，还是取决于学生自己。正如"2012年度澳大利亚大学教师总理奖"获得者詹姆斯·阿万尼塔克斯教授所说："教育的意义不是在于直接影响学生思维，而是通过认知世界，让他们自己去判断、去选择、去挑战自我。"因此，我们应该做的是引导孩子们在自我教育中去发展他们智力的核心——思维能力。正如白岩松的舅舅，他并没有手把手地去教外甥该如何去解每一道平面几何题，因为他的目标不是教会孩子解题，而是通过规避最常见的解法"逼迫"白岩松另辟蹊径，自己动手动脑分析问题乃至最后解决问题。在一次次费尽周折思考各种非常规解题方法的过程中，白岩松多元立体的复合型、创新型思维就逐步形成了。因此，我们的使命不是代替孩子去思考，也无法将现成的思维方法或模式灌输到孩子的脑子里；而是要用为人师者正确、合理、富有创造力的思维，去引导孩子在持续不断的自我教育中培养良好的思维习惯和优秀的思维品质！

◇为什么智力教育需要两个大纲?

智力教育需要两个大纲：一是核心知识大纲，二是非必修知识大纲。

第一个大纲是核心知识，体现在课本上。核心知识肯定是最基本的内容，我们在课堂上应该想尽办法帮助学生牢固掌握。

但是，如果仅仅执行第一个大纲，孤立地在核心知识上下功夫，经验证明，效果并不好。因为学生想要真正掌握核心知识，如果没有丰富的知识背景作支撑，巧妇难为无米之炊，实际上是不可能的。类似一棵大树，看得见的是树干、树冠，但它能不能枝繁叶茂，取决于看不见的、埋在地下的根系。它的根系往往向下、向周围延伸得很远很远。一个学生如果只会死记硬背课本上的知识，即使十分勤奋，也不能真正充分发展自己的智力。

第二个大纲即非必修知识的大纲，指的是超出学校大纲范围的所有的知识。如何把两个大纲结合好？这是我们教师必须解决的问题。

首先，要在思想上认识到第二个大纲的必要性。

苏霍姆林斯基指出："我们认为课堂教学有两个教育任务：一是传授一定的知识；二是激发求知欲，鼓励少年越出课的范围，去阅读、去研究、去思考。要求一堂课成为好的课，这首先是为了使少年的智力生活中不仅仅只有课堂教学。如果做到了这一点，课堂就成了少年精神生活的理想的发源地，教师就成了这个发源地的开拓者和保护者，书本则成了无价的文化宝库。"

其次，善于在课堂上点燃孩子们渴望知识的火花。

"课堂是人成为思想者的发祥地。我认为，课堂教学最重要的目的，是激发儿童对知识的渴望。……教师带着思维授课是什么意思呢？形象地说，那就是带给他们惊喜。我的学生应该感受到这种惊喜。我的课堂教学应鼓起他们的勇气。"[1] "课堂是一个人感到追求成为思想家的第一个摇篮。我认为课堂上最重要的教育目的，就在于去点燃孩子们渴望知识的火花。"[2]

每个教师在传授大纲规定的知识时，同时也在揭开第二大纲，即非必修知识的大纲。非必修知识的学习取决于科学的发展、学生的知识视野、物质条件和学生周围的环境及其个人的倾向性、兴趣、天赋。知识范围的扩大取决于学生，然而，第一推动力、点燃求知火苗的星星之火，则在课堂上，取决于教师的修养、知识视野和博学程度。

除了种种教学法要求之外，对一节课还得提出一个非常重要的要求：一节课应当激发出学生真正的激动心情，亦即对学习的满足感，因掌握新

---

① 苏霍姆林斯基：《苏霍姆林斯基选集（第五卷）》，教育科学出版社，2001年出版，第739页。

② 苏霍姆林斯基：《苏霍姆林斯基选集（第二卷）》，教育科学出版社，2001年出版，第335-336页。

内容紧张思考的疲乏感。

再次，要充分理解两个大纲之间的关系。

初中生有着十分广泛的兴趣，如果在学校里除了上课之外，什么其他的活动也没有，肯定满足不了他们的需要。不管教师课上得多么有趣，不管为了按照教学大纲，把课上得尽善尽美而多么努力地工作，如果初中生多方面的智力需求被课堂教学局限，他们仍然会对课堂教学表现出冷漠的态度。

非常明显的例子是：物理课上讲授的力学原理、公式，往往使学生们感到枯燥无味、昏昏欲睡。可是参加课外舰船模型和航空模型小组的学生，却对这部分知识异常感兴趣。这是为什么呢？航空模型小组成员为了让自己制作的模型飞机飞上天，对机翼的形状格外关注，因为这关系到什么样的机翼能够使飞机的上升力更高，与此相关的空气流动原理，他们也想搞得一清二楚。舰船模型小组的成员，同样对力学原理产生了兴趣，因为他们制作的M级帆船要去参加比赛。如何使帆船制作得更加轻快，以方便行驶，促使他们对浮力原理产生兴趣；而如何驾驶帆船，竟然使得他们如醉如痴地研究起力学中的合力问题。驾驶帆船涉及多方面的力学知识，因为进行帆船比赛的时候，风从哪个方向吹来，你的船帆应保持什么角度才能给帆船最大的力量，都离不开这些看似枯燥的科学知识。

物理考试时，舰船模型和航空模型小组的成员，对这部分知识掌握得十分透彻，也就毫不奇怪了，可以说这就是两个大纲的魅力。

我们每个教师在备课时都要考虑，在哪一个点上能够点燃学生求知的火花，如何把火种传送到学生的心中。这个教育任务的完成与否，取决于学生是否能深刻地体验到自己是真理的研究者和发现者。这种感觉越深刻，他们想知道的东西就越多。

掌握第二大纲的重要途径，就是独立阅读。所以，我们教师应该主动地关注学生的课外阅读，结合教学，认真地推荐书目，让学生们热爱读书，并辅导他们有效地吸收课外读物中的营养。

苏霍姆林斯基说："多年的经验使我深信：一个少年在课外读得愈多，与课内无关的东西知道得愈多（当然这个无关是相对的，因为渴求知识的火花是在课上点燃的，能不能用这朵火花点燃起少年心中的火苗，这取决于教师的本领），他就愈是重视一切知识，尊重智力劳动，尊重教师，尊重课堂教学，也尊重他自己。"[①]

应该说，必修的和非必修两个大纲的统一，对少年的智育起着决定性的作用。但是要注意，这种统一的性质是由每个学生的不同特点决定的。苏霍姆林斯基通过对思维迟缓学生的智力活动的观察，认为："我们确信了为了理解和记忆必修的材料，他们必须阅读一定量的大纲之外的科普作品；阅读科普作品不是为了识记，而是为了让读过的东西通过意识在思维物质中留下痕迹，促使大脑去理解和记忆必修的知识。"

执行第二大纲，丰富知识背景，对所有的学生都是必要的。只不过参加实践活动和课外阅读的范围和内容，应该有所区别。思维能力出色的学生，课外阅读要向深度和广度扩展外，还需要有针对性地参加实践活动，这将会使他们把知识和实践结合得更紧密，从而实现能力的提升。

◇通过活动让学生学会思考

班级的经营离不开课堂教学活动的开展，以下案例中的老师（秦皇岛开发区第二中学刘洋）在摸清了班级学生的性格特点之后，利用英语课堂这块主阵地，从积极心理学的教育理念出发，调动学生学习积极性，利用学生心理发展过程中的积极因素，在课堂上开展了"我是小老师"的活动。

[①] 苏霍姆林斯基：《苏霍姆林斯基选集（第三卷）》，教育科学出版社，2001年出版，第584页。

（1）我的课堂，我做主。

这个活动由一名学生担任"小老师"，为同学们讲解前一天练习册上的作业题，用时不超过15分钟。活动方案刚一出台，就有很多同学积极响应。前三天，我安排了三个骨干作为标杆，为后面的同学引路。每天活动结束后，我会对"小老师"的表现给予点评，放大活动过程中"老师"与学生的优点、创新点，并对后面的同学提出希望。

每位当"小老师"的同学都很努力地备课。不同性格特点的学生，讲课的方式和风格截然不同，每天都制造惊喜，让我自愧不如。讲台已然成为他们展示自我的平台。当"老师"的同学自信满满，享受这个过程；当学生的同学跃跃欲试，争取"讲课"机会。对于这样的课堂，学生们不再排斥、逃避；对于这样的学习，学生们不再厌烦、恐惧。课堂成为学生快乐成长的摇篮，勇攀高峰的台阶，能力培养的沃土，身心健康发展的阵地。

我们经常说：要以学生为中心，让学生成为课堂的主人。然而，教师"垂帘听政"下的班级、课堂又怎么能够真正成为学生的课堂呢？因此，在这项活动中，我完全是个旁观者，这并没有使学生方寸大乱，他们反而非常享受那仅有的15分钟的"当政"时间，努力使出浑身解数，全身心地沉浸在自己的角色当中。

赵木川，他把数学课上学的坐标系拿出来作为点名的方式。2，3就是纵坐标第二列，横坐标第三位的同学。一开始我还迷糊着不知道他在干什么，可同学们却心领神会，主动站起来回答问题。

李佳鑫，一道题将他难住了，他向我求救。我看了看下面的同学，对他使了个眼色。他心领神会——发动群众。"刘帅，你来说说你的想法。"

这样的故事每天都在发生，且各不相同。

其实，当"小老师"的同学都知道，这个工作并不好干。因为讲台下有35双眼睛盯着他们，如果他们讲错了，或者遇到不懂的问题，可是要想办法给同学们讲明白、分析清楚的。

"老师，第2题为什么选D？""老师，第3题不对吧？""老师，你讲讲第5题。"

这样的场面在我的课堂上是很少出现的。挑战"小老师"已成为台下同学的一项重要任务，虽为挑战，却不胡闹，提出的问题条理清楚，简明扼要。

一节课下来，同学们各司其职，或为师，或为生，或为助教。平等和谐的关系，使他们更愿意彼此分享，彼此交流；宽容理解的氛围，使他们不再隐藏想法，大胆直言。而我的任务则是用点头、微笑对他们的积极主动表示肯定和鼓励。想想，这是多么惬意的事情啊！

（2）健康、积极、向上的班级氛围胜过老师的千言万语。

活动启动了10多天之后，遇到了瓶颈，班级中积极主动参与的同学越来越少。然而，集体的力量之强大，影响每一位成员的思想和行为，能够在无形中调动他们的积极性，引导他们共同进步与成长。

每当我问到"明天有谁想当小老师？"时，他们都会踊跃地推荐身边的朋友。同伴间的相互鼓励、信任与理解，成为缓缓举起那只小手的无限动力。

我相信，他们的内心并不缺乏竞争意识，并不缺少胜任这个职务的信心，唯一缺少的是接受这份任务的勇气。我努力发挥集体的力量，营造积极向上的氛围，让这些腼腆的同学勇敢地迈出第一步。我反思，老师无论到什么时候，在学生心中都是高高在上的司令官，学生口中的"老大"。面对老师，同学们总会不自在，甚至会叛逆；而同学的陪伴会打消他们的顾虑，班级的氛围会强大他们的内心，使他们愿意接受老师的引导。

所以，老师的代言人很重要：他可以是一个人，但力量显得微弱了些，有可能受到其他同学的排斥；他可以是一个班干部群体，声势浩大，却有时让班级分化；他最应该是一个全面开花怒放的班集体，每个人都是不可或缺的花瓣，大家共同成长，共同进步。

（3）班级活动中，我们茁壮成长。

班里的每一位同学都是灵动的精灵。作为老师，要用博大的胸怀和积极的心态包容他们的缺点，发现他们的优点，为他们提供展示自己的平台；更要用探索的眼光，不断挖掘他们的潜能。

通过这个活动，我看到了不一样的他们：

李佳鑫，沉默寡言，却有一颗细腻、善解人意的心灵。讲课使他一展领导才能。

刘帅，大大咧咧，却有男子汉气魄。讲课使他收获大家的敬仰。

张哲明，古灵精怪，却善于表达，勇于表现自我。讲课使他展示了自己深厚的学术功底。

姜伊渤，学习懒懒散散，却热爱劳动。讲课让他体会到了老师的辛苦。

赵木川，幼稚、话多，却善于思考，勇于创新。讲课让他展示了自己综合性的思维能力。

他们的勇敢和努力成为每位同学学习的榜样，成为班级积极向上、奋斗向前的接力棒。无论是英语学习好的同学，还是正在向好学生行列奋进的同学，都希望能够有机会展示自己的才华，获得同学和老师的认可。

通过这个活动，同学们发生了明显的变化。

第一，他们学会了聆听。

老师讲题时，有的学生会睡觉、走神、玩弄手中的玩具。但是同学讲题时，他们就会认真倾听和纠错。无论是为了哪种目的，效果已经显现。

第二，他们学会了提问。

老师讲题时，有的学生会沉默，会纠结是否要发表意见。但是同学讲题时，他们会质疑，会求索。无论是哪种形式，参与已经形成。

第三，他们学会了思考。

老师讲题时，有的学生会不假思索地胡乱辩驳。但是同学讲题时，他们会迟疑，会斟酌。无论是否表态，思考孕育其中。

班级建设离不开活动，活动离不开课堂。通过这次活动，我清楚地认识到学生的健康成长孕育于健康班级之中，学生的快乐学习融汇于健康课堂之上。宽容、进取、坚韧等良好的心理品质，都将在健康班级的沃土上竞相开放。

第五章

帮助初中生情感、意志品质从不成熟走向成熟

人的意识的发展，除了思维之外，情感、态度和意志，也在不停地从不成熟走向成熟。初中生的发展，不能孤立地仅仅从智力角度去分析，还应该结合情感、意志与思维的相互作用去理解。

◇初中生的情感处于半成熟状态

初中生情感的第一个特点是冲动性。这是由于他们的神经系统兴奋过程比较强，抑制过程比较弱造成的。他们处理事情常常是感情超过理智，甚至是只凭感情。有时为了别人的一句话，就会冲过去，大打出手，事后又十分后悔。

初中生情感的第二个特点是矛盾性。这点和他们整个心理状态的半成熟程度一致，在情感上一方面依恋家长，另一方面又容易和家长起冲突。男孩子有时候会偎依在妈妈怀里撒娇，有时候又会恶狠狠地、歇斯底里地对待家长。

第三个特点是情感丰富。初中生基本上已经具备了成人所有的情感类型。

他们有时十分快乐。说到青春期，一男孩说："我正在感受青春期成长

的快乐。"一女孩说："我希望全面地了解自己的内心。我感觉青春期的日子很快乐哦。"

有时候，他们又感到烦恼。心理咨询室内，一女孩正在向心理老师倾诉："为什么烦恼会随着年龄的增长而增长？若真有上帝，我想求求他，不要让我长大，让我再多拥有一些灿烂而美好的回忆吧。"

他们已经开始学习控制和转化自己的感情。

有的学生说："每天快乐地面对每一分每一秒。当我烦恼时，我心想：世界上这年这月这天这时的这一秒，只有一个，再也找不出第二个，所以我要用微笑面对这一秒。"

有的学生说："小时候，上学时都会和爸爸妈妈打招呼，现在为什么说不出口？只是说'我走了'。我很爱爸爸妈妈，但从来都没有亲口对他们说声'我爱你'。"

现在的初中生有着丰富而又矛盾的行为表现：热情又时而冷漠；尊师又桀骜不驯；竞争又适时合作；成熟又遇事害怕……这一切说明他们的情感、意志品质是不成熟的。但是最可贵的是他们坦诚、直接，在大家面前敢表现出真实的自我。

◇表现自我是出于自尊与喜欢

案例1：表现欲中的自尊

照片上的男孩叫张靖昕，是八年级一班的学生，表现欲特强：老师提问时手举得高高的，每次学习任务完成后都抢着展示。

在一节地理课上，当我提出请一位同学给大家讲解地势对降水的影响时，他以最快的速度走到讲台上，拿起粉笔，当起了小老师。

但是做老师哪有那么容易，少年们不服气的直接表现就是挑刺，台下男孩们很不客气地说："没听懂，你再讲一遍。"

女孩们充当看客，津津有味地欣赏男孩们自导自演的"青春喜剧"。

也许是考虑到做老师要大度，张靖昕同学耐心地把自己的见解又陈述了一遍后，故作温和且得意洋洋地问："这次你们听懂了吗？"

期中考试后的第一节课，我在八年级一班进行地理学习经验分享活动，张靖昕自告奋勇地上台分享。他哪里是经验分享，分明是"自我检讨"（他这次考了79分，与上次的87分相比，退步了）。照片中他是微笑的模样，但刚说三句话，就哽咽了。

以"我最大的毛病就是爱嘚瑟"开头，以"我以后不嘚瑟"了结尾。4分钟的发言，他的情绪变化极大。

最后，我给学生们推出了一个榜样——八年级三班的梁书源。由于他学习习惯不太好，班主任把他安排在讲台边第一个座位上。因为受到最强监管，两个月的时间，他的地理成绩就由37分上升到89分。

第二天班主任张老师和我说，昨天上完地理课，张靖昕主动找她调座位，要坐到第一排离讲台最近的座位上去。

案例2：真实的自我

李奥，七年级四班一个胖乎乎的男孩，第二学期开学向班主任申请当地理课代表，但原地理课代表潘林不同意，故班主任裁定，期中考试地理成绩高者担任地理课代表。结果潘林胜。

于是，地理课前就有了这样的场景：潘林去办公室找我，李奥就趁他不在教室时将电脑打开，找出地理课件，为我上课作好准备。不过，潘林也不计较。

有一天，第三节课下课后，课代表潘林兴冲冲地来到办公室，对我说："老师，都拿什么东西？"

他的询问让我很纳闷，我说："今天咱班没有地理课啊。"潘林说："老师，黑板上写着呢，第四节课是地理课。"

我看向班主任刘老师，她也纳闷："没调课啊。"

这时，李奥的小脑袋正往办公室里伸，脸上洋溢着得意的笑容。我明白了，于是问道："李奥，是不是你写到黑板上去的？私自改课表，可是大罪哦。"

"老师，您就占一节课上地理吧。"胖乎乎的男孩撒起娇来……

青春期的少年，不仅需要同伴情谊，也渴望来自教师的关爱。少年的成人意识让他们开始与家长对抗，以此挑战家长的权威，来宣布他（她）的长大。但他们的内心深处，却强烈依恋家庭外部的长者，更喜欢与老师交朋友。

少年的喜欢很直接，会把真实的他（她）、热情的他（她）、努力的他（她）明明白白地展现在教师面前。

少年的喜欢就是真实自我的再现。

现在的初中生和以前的学生有很大不同：他们自然大方地与老师交往，不仰视，不畏惧，行为表现更成熟。

他们喜欢或者不喜欢的情感，都开始变得温情而理性。很多老师都发现了这样一种现象：与前些年相比，绝大多数中学生不打架了，尤其是男孩。他们能够平和地对待不喜欢自己的人以及自己不喜欢的人。而对于自己喜欢的人，他们会直白地表达自己的喜欢，有时也会有意识地采取一些策略去接近。

从心理发育角度看，初中生的心理水平呈现半成熟、半幼稚状态，对成熟有强烈的向往，主要表现为情感的扩张与转移，由家庭情感转向社会情感。这一时期的少年开始寻找朋友和精神导师，有意识地组建自己的友情团队。也就是说，初中生更倾向从老师和同伴那里寻求自尊感，而非家长。

当代初中生的情绪表现，逐渐失去了毫无掩饰的单纯和率真，在某些场合，可将喜、怒、哀、乐等各种情绪隐藏于心中而不表现出来。有时在团体中为了从众或其他一些想法，他们甚至将原本的情绪加上一层表演的色彩。

现在的初中生也逆反，但他们的情绪表现有些不同，主要表现为对家长逆反，或在家长面前隐藏情绪。而在同伴和老师面前则呈开放状态，尤其倾向于在同伴面前敞开心扉。他们渴望被老师信任或认可，希望与老师建立亲密的师生关系。老师可通过以下方式帮助学生：

第一，帮助学生建立高度的自尊。

初中生强烈关心自己的个性成长，有很强的自尊心。为了帮助学生建立高度的自尊，关注他们的自我发展，老师应该创造一些密切师生关系和增强归属感的方法。比如做到每天在课堂上叫到每一位学生，让他们感觉到不被冷落。课下多参与学生活动，在相处中给予他们更多关注。对学生进行有关成长发育的专题讲座，让他们了解自己的智力和情感发育过程。利用班会举行必要的仪式教育。用自己的教育智慧开发课程，比如全国优秀班主任、深圳实验中学的钟杰老师，建设班级管理团队推动学生自我管理，打造班级文化促进学生自我成长，开发生命课程引领学生自我教育。

扬长避短，培育和发展学生个性，实施积极教育，关注中学生的优势与劣势中的潜在优势，是现代教师应该做的。如果有可能，学校还要创造一对一的辅导，给每个孩子以针对性、个性化的成长指导。

第二，老师应该与家长建立教育共同体。

作为老师，我们应该与家长建立教育共同体，帮助家长分析这个年龄段孩子的身心发育特点和个性特点，促使他们作出对孩子成长更有利的选择。

中学生为追求自尊感和师长喜欢而产生的种种表现，不仅和心理发育有关，也受到现代家庭教育的影响。不少家长的教育意识日渐增强，不仅重视孩子的智力发育，更关注孩子的性格与情感培养。很多家长在孩子面前表现出理智、关爱的行为，孩子耳濡目染，逐渐形成了较为理性的处事方式。

"宁做鸡头，不做凤尾"，也是初中生建立自尊感的一条可行的路径。很多家长为给孩子创造一个优良的学习环境，从小学开始就为孩子选择名校，但这并非适合所有孩子。因为如果勉强进入一个名牌学校，让孩子产生了情感发育的过度反应，在这种状态下，即使很小的一点情感波动也会成为大问题。如果孩子在新学校找不到应有的自尊感，不能树立强有力的自信心，不仅会影响学习成绩，更会影响孩子的一生。

◇烦恼与孤独掩盖不了初中生的进取心

初中生情绪、情感丰富、热烈，追求真善美。热忱活泼、富有生气、斗志昂扬是他们的主要情绪体验。他们爱唱、爱跳，喜欢各种娱乐活动，对未来充满憧憬和幻想。

初中生情感强烈但又相对脆弱：女生有时会为某件事的一个细节欢呼雀跃，有时又会为某事不顺而嘤嘤啜泣；男生时而暴跳如雷，时而兴高采烈。

可以说，初中生正在通过内心的敏感与积极向上来发展自己。

1. 孤独外表下有一颗积极向上的心

上课了，一个男孩一直趴着。他刚开始对我的提醒还有所回应，后来干脆耍赖不起来了。

他的同桌悄悄告诉我："他就这样，从来不学习。"

我布置完第一个学习任务后，巡视时和他商量："可以给老师当助教吗？"

"怎么当？"

"把彩图册打开，在图上把刚才学习任务中的答案都标出来，记住它们的位置，然后你帮老师把南排同学的这些题目判一下，老师判中间和北排同学的，如何？"

他竟然接受了这个建议。

接下来的三次学习任务，我征得他的同意，从我的队伍中又选了几名助教（谁先做完作业，我给他判，然后让他给这个小组当老师，去检查其他同学的任务完成情况）。

学生们对"助教"这个工作很感兴趣，尤其是男孩。这一举措，大大提高了学生的学习速度。一节课下来，基础知识他们全部掌握了。

事后我找这个男孩谈心，他说总感觉同伴不愿意搭理他，都上初一了，自己个子也没怎么长，感觉做什么都没意思，心烦又孤独，所以懒得学习。

初中生的这些情感表现，是由身体的快速发育及性的成熟造成的。内分泌与心血管系统发生剧烈变化，内分泌系统活动加剧，促进了新陈代谢、体内各器官及全身的生长发育。心脏、血管的发育赶不上身体的生长时会产生血压降低，甚至贫血等问题。这种情况下，中学生容易四肢无力、过度疲劳等。虽然生理上的变化并不决定整个情感气质特点，但易受刺激和固执往往是由于疲劳造成的。难怪人发脾气往往发生在下午。而在精神振作的状态下，他们的行为稳健，能够容忍，也能批判地评价和控制自己的行为。

初中生开始强烈关注自己的外表和风度，特别重视自己的能力和学习成绩。此时，如果在某方面没有达到自己的预期，他们就会变得自卑、烦恼、孤独和压抑。最明显的情绪反应就是烦恼增多。首先，为在公众面前的个人形象而烦恼。如何改变，以什么样的姿态出现才能得到别人的认可和喜爱，这是他们考虑的事情。对此，他们暗自探索，往往为找不到满意的答案而烦恼。

其次，为在同伴中的个人尊严和地位而烦恼。在集体中受人尊重和喜爱是初中生的强烈心理需求。原有地位高的，希望在初中得到巩固或提升；过去在同龄人中未曾有过良好的地位的孩子，随着自我意识的发展和自尊心的需要，他们渴望得到同伴的接纳、肯定和喜爱。这种愿望困扰着他们，有时会让他们感到无奈、痛楚，甚至屈辱。

再次，为与父母关系出现裂痕和情感疏离而烦恼。中学生的愿望或要求受到父母的阻止或干涉时，他们感到父母不能理解他们，他们也不理解父母为什么如此做，因此常常出现矛盾，甚至情感疏远。种种困扰使他们需要父母的理解和支持，他们需要亲密的亲子关系。不被理解、疏离、不融洽的亲子关系，深深地触动和困扰着他们的心灵和情感。

进入中学阶段，学生会非常关注自己的成绩。这也是他们积极向上的表现之一。他们渴望获得良好的成绩，反之，就会产生自卑感。再加上内心敏感，他们会觉得坏成绩会影响他们在老师和同伴心目中的地位，因此，他们常常会有一种孤独感，陷入被同伴抛弃的孤独困境而难以自拔。这是教师需要格外重视的。

2. 初中生对老师不只是喜欢，还有崇拜

1

"今天我们上英语课，齐老师讲评卷子，她把我的卷子要过去，对大家说：这就是标准答案。"

"齐老师遇见同学答不上问题来的时候就说，小宋说说。"

上初一的儿子小宋，在饭桌上眉飞色舞地讲述着令他自豪的事情。

2

"地理老师讲课特有趣，总给我们讲些课外的事情。"

每次上完地理课，初一的儿子都很兴奋，回家就描述地理老师的风趣和幽默。

3

"班主任很随和，不轻易批评我们，卫生做得不好，他也只是告诉我们下次应该注意什么。"

初三的儿子开始在意"平等"的关系。

4

"原来历史老师这么'牛'，我们以前都不知道。"

初三家长会上，班主任用幻灯片介绍任课老师，历史老师的业绩让儿子很振奋。

一个不喜欢语言的男孩，初一时因为对英语老师的喜欢，变得特别喜欢英语。又因为喜欢地理老师的幽默风趣而专注听讲，学习效率很高，从不做地理作业，依然能考个好成绩。

喜欢，意味着良好的师生关系。

"少年认识到他已经不是儿童，这是少年时期形成的并对少年的精神世界，具有重要影响的自我意识最新本质特征之一。这种思想使少年对教育的作用更加敏感（特别是对教师的失误和失败）。少年对涉及他个人的一切反应特别敏锐，没有一个少年不由衷地希望表现得好，并得到教师，特别是集体对他的赞扬。"[1]

随着学生生活经验的增加以及知识量的增多，对于老师，他们不只是喜欢，还有崇拜。从他们描述自己喜欢的老师时的用词就可窥见一斑："真厉害""够牛"。这时的"厉害"和"牛"绝对是褒义词，因为崇拜，所以学生们心甘情愿、夜以继日地学习、钻研。

现在的初中生，虽然有点小烦恼、小忧愁、小孤独，但他们都有一颗积极向上的心，他们渴望被激发、被关注、被引领。

所以，一个优秀的教师，要懂得如何帮助学生进行情绪的调节和管理，有效激发学生那颗向上向善的心。

首先，培养学生乐观的生活态度。无论人生中遇到什么困难和挫折，都要用乐观、积极的态度去面对，相信没有解决不了的问题，努力向上，勇于直面现实，不轻言放弃，对未来充满希望。

其次，指导学生学会回避不良情绪和寻找愉快情绪。

苏霍姆林斯基说："解除了情感上的武装，就会在道德上产生危险的恶习，即产生自卑感，认为自己无所作为。我觉得，在人的情感世界中，最可怕的就正是这种情感：一个人认为自己只是一粒渺小的尘土。这种道德沮丧的根源就在于缺乏情感（广义的情感）修养。"

在面对不良情绪时，你可以选择回避目前的情绪，去寻找可能发生的愉快情绪。比如，看见自己的成绩不好，也不要整天闷闷不乐，可以去做一些自己喜欢的事情来缓解一下郁闷的情绪。

再次，还可以采用词语暗示法。较父母而言，初中生更信任教师，教师可以采用暗示的方式帮助学生。词语暗示对学生的情绪乃至行为都有奇妙的影响和调整作用，可以引起或抑制情绪反应，具有一定的感染力。词

---

[1]　苏霍姆林斯基：《学生的精神世界》，教育科学出版社，1981年出版，第126页。

语暗示可以用出声的语言来进行，也可以通过自言自语，甚至在无人处大声对自己呼喊的方式来加强效果。

我们教师要用积极心理学的观点管理和教育学生。关注初中生的优点和缺点中的潜在优势，让他们享受自尊感的同时，激发自信心，从而进行积极的自我教育和自我管理。

◇让意志力为初中生的成长助力

初中生处在身心发展突飞猛进的时期，虽说他们可以做到条分缕析地想，声情并茂地说，潇洒自如地动，但看待周围世界往往过于理想化，做什么事都三分钟热度。

初中生有时候让人感到言行不一，其实并不一定是道德品质的原因，有时是认识与现实脱离，说的是一套，做的是另一套。"眼高手低"，有时也是由意志力不够造成的。

在初中，我们经常看到不少学生，虽制订了学习计划，却总是虎头蛇尾，不能坚持执行；有的做作业总是拖拖拉拉，不能及时完成；有的上课心猿意马，思考一些乱七八糟的事情，不能专心听讲；有的虽然知道与人争斗对己对人都没有好处，可又总是为一点小事与人争吵不休；有的尽管明白小偷小摸让人不齿，依然免不了愈陷愈深，越滑越远……

一些初中生，在学习语文和英语需要大量记忆的时候，意志力不够，常常败下阵来。

不少初中生，看电视、上网和玩游戏机时常常不能理智地控制时间，计划玩半小时，到时间了，"再加半小时"，又过了半小时，仍然下不了决心，以致最后不能自拔。

这一方面说明"缺乏自控能力"是初中生中存在的比较普遍的

现象，另一方面也说明初中生对自己并不满意，有培养意志力的强烈愿望。

初中阶段的学生，处于生理发展迅速成熟而心理发展跟不上的青春发育期，身体的急剧变化往往引起身心发展的不平衡，情绪波动往往大于自我调控能力，对自己的行为举止往往难以控制。

意志力差是人生发展过程中的一种正常现象，但教师仍应高度重视。因为意志力的强弱对学生的身心能否健康成长起着至关重要的作用。初中生的自我教育往往就是从培养意志力开始的。

1. 如何培养顽强的意志力？

一是从小培养孩子远大的志向，主要是培养积极向上的心态。

"伟大的目的产生伟大的毅力"，有了远大的理想和高尚的人生目标，才会培育出健康美好的情感，磨炼出优良的意志品质，才能应对各式各样的挫折和诱惑。

一般来说，青年时期的表现和他们小时候的志向关系密切。优秀的高中生，他们从小普遍有着远大的志向，而同年龄的失足学生多数只有一个模模糊糊的想法，例如"老老实实干活""和别人一样成家立业"。诚然这些想法表面看起来并没错，问题可能出在没有强烈的进取心上，就像古训中说的："取法其上，得乎其中；取法其中，得乎其下。"这些失足学生小时候只有一个中等的追求，在形形色色的诱惑下，在坎坎坷坷的遭遇中，实际得到的往往只能是一个比较低层次的结果。

二是提高鉴别能力。

课堂上的辩论会，信息分析会，家庭中的饭桌讨论会，组织孩子们写"一事一议"，都是提高他们分辨是非能力的好方法。

当然，有些复杂的社会现象，需要有经验的成年人帮助孩子分析，因为他们有些在法律上还是"无行为能力人"。但是这种分析不应该是简单地灌输，而是针对孩子的认知水平，启发他们找出容易被迷惑的地方，引导他们自己得出正确的答案。因为只有通过自己的体验和思考，他们才能慢慢练就一双洞察是非的"火眼金睛"。

三是从小培养战胜自己的意志品质。

有时候，初中生明明知道不对，但是由于意志薄弱，抗拒不了诱惑，最终还是做了错事。所以要想培养他们的"抗诱惑品质"，就要从小事情做起，让他们不断战胜自己的软弱，方能铸造坚毅的品质。

四是有意识地将意志力训练融入课堂中。

心理学家认为：意志力像肌肉一样，可以通过锻炼来增强。比如通过训练初中生的身姿（即要求学生努力站直或坐直）来锻炼学生的意志力。大部分初中生习惯懒洋洋地站着或坐着，在课堂中，我们要有意识地提醒学生"坐直"，回答问题时"站直"，通过改变懒散习惯，学生增强了意志力，还会在其他的任务上表现更好。

另一个方式是改变学生的说话习惯。说话习惯也是根深蒂固的，因此改变起来需要运用意志力。比如：让学生在表述观点时将话说完整，避免用简略语。

其实，只要集中精力改变一个不良习惯，学生的意志力就可以得到锻炼和改善。

2. 四个最主要的意志品质

第一，自觉性。

自觉性就是做事情有明确的目的，知道这件事对自己的意义。因为人内心是自愿的，就有一种自主的积极性。在这里，明确的目的是最重要的，所以才有人说"伟大的意志来自伟大的目的"。学生有了自觉性，就表现出不但自己提出目的，还能压制不符合目的的其他动机。

要想培养学生的自觉性，成人应该做到尊重学生，鼓励他们在合理的范围内自己选择，自己作出决定。在日常生活中克服易受别人暗示影响的心理，克服从众心理。

第二，果断性。

果断性就是做事情不犹豫，能很快下决心，主动把想法变成行动。有一个寓言讲的就是一头缺乏意志的牛，特别缺乏果断性。

该喂牛了，主人把两堆草放在牛的面前。牛把头伸到了左边的那堆草前，刚刚想吃，忽然想起右边还有一堆草，于是又把头伸向右边。还没有吃，又想起左边还有一堆草，就又把头伸向左边。于是，这头可怜的牛，就把头在两堆草之间来回摆动，最终也没有吃到一口近在眼前的草，被活活饿死了。

在多种选择面前，你必须权衡利弊，迅速作出决策，才能果断采取行动。这两堆草，如果对牛没有什么重大的利弊得失，它就应该迅速决定，先吃其中一堆草，再吃另一堆草，赶紧吃饱肚子最重要。

教师应该善于在日常生活中培养初中生的果断性，锻炼他们事前周密思考、多谋善断的能力，克服优柔寡断的弱点。

第三，坚持性。

坚持性是大家最熟悉的一个意志特征，但是如果把它作为意志的唯一特征就不恰当了。因为如果没有自觉性、果断性和自制力，一味地讲坚持性，其实就是任性。

坚持性就是指一个人能够长时间毫不放松地紧张学习和工作，不被困难吓倒，不屈不挠地向既定目标前进。要培养学生的坚持性：一方面要从小事情开始，做到有始有终，不轻易放弃决定的事情；另一方面要防止孩子把坚持性误解为固执，做到能够根据情况的变化作出必要的调整。

第四，自制力。

自制力就是"自己能管住自己"。比如自己爱玩游戏机，明明知道只可以玩半小时，如果时间过长，既浪费光阴又伤害身体，但是真正执行起来就是抵不住游戏机的诱惑，这就是缺乏自制力的表现。

陈会昌教授主持的一项长达19年的研究，从2岁起开始跟踪研究208个普通孩子的社会行为与家庭教养方式，研究结果证实——每个孩子身上都有自控力和主动性"两颗种子"。第一颗种子的核心品质是自我控制力，是控制自己、按照外界环境提出的要求，学习社会期望的知识、技能，完成成人要求的任务的能力。①

培养学生的自制力，一定要结合日常克服困难的实践进行锻炼。有经验的教师、家长多是想办法引导学生设置一些困难，有的是：从今天开始，我不再乘公共汽车上下学，改为步行，无非是两三站路，锻炼体质，增强意志；有的是：从今天开始，我不再乘电梯了，改为爬楼梯，无非是几十个台阶，能够锻炼心脏，增大肺活量。

作为初中生，不要非等到挫折来临才进行锻炼。要能够主动创设条件，体验挫折，锻炼自己的抗挫折能力，一旦挫折到来，思想压力不会很大，抗挫折的经验和方法也会比较多。

有一个中学，在初中一年级学生刚刚入学，还没有上课时，就组织他们到北京平谷山区参加活动，引导他们体验挫折，锻炼抗挫折能力，取得了很好的效果。

活动中的重要内容是爬北京西部最高峰——四座楼山。当孩子们奋力登山接近顶峰的时候，也是最艰难的时候。通向顶峰的羊肠小道，多年没有人行走，杂草丛生，左边是陡峭的山崖，右边是无底的深渊。有些孩子

---

① 杨咏梅:《尊重的土壤才能培育出饱满的种子》,《中国教育报》,2014年9月25日。

开始感到疲劳，有些孩子感到害怕。但是他们互相鼓舞，互相勉励，最终没有一个人掉队，全部爬上了顶峰。

在峰顶，他们尽情地欣赏大好河山，自豪地朗诵诗歌，体验着战胜挫折的幸福感。

令人没有想到的是，这次活动取得的精神收获，还能够迁移到学习方面。过去许多孩子遇到学习上的难题，很快就放弃，或者问老师，或者问同学。但是通过这次锻炼，他们认识到自己的力量，体验到战胜挫折的愉快，再遇到作业中的难题时，用他们的话说，"再也不绕着走了，我们已经有战胜困难的信心啦"。

附录：怎样面对校园里的欺凌行为？

近几年，初中生之间的欺凌行为上升为校园暴力事件的有增多趋势。自2015年4月至2016年4月，被媒体报道的初中校园恶性欺凌事件达11起。

2015年4月24日，福建漳州一初中女生被7女3男扒光上衣和内衣殴打，被揪着头发往铁门上撞，有20名学生围观。

2015年11月19日，甘肃张掖一女生6分钟被打38记耳光，围观者说太精彩了。

2016年2月2日，湖南临武一初一女生遭同班女生召集的多名好友殴打，掀衣，扇耳光，揪头发，当马骑，甚至摆出剪刀手拍照。她们均未满14岁。

……

欺凌行为指有意造成对别人的伤害，这种伤害可能是身体性的，也可能是心理性的。欺凌包括两种形式；一种是直接欺凌，如嘲弄、威胁、打斗、冲撞、偷盗、勒索；另一种是间接欺凌，如散布谣言、讲下流故事、孤立别人等。一般男孩倾向于直接欺凌，女孩则喜欢用一些微妙的、间接的策略进行欺凌。

校园欺凌行为至初中阶段达到高发期，同时成团体化特点，特别在初二时达到高峰。这时的欺凌更具凌侮性，造成的后果也更严重。

初中生的欺凌行为较多，不是单一偶发事件。其原因可能有以下几点：

一是生理因素。

所有灵长类动物都有同类压迫和羞辱的习性，只是人类扩大了运用它们的强度和效果。青春期有一种生物学意义上的结伙或群聚倾向。在性别自然发展的过程中，大脑也会受到影响。绝大多数青春期孩子都会顺利度过这个阶段，但对于那些敏感的男孩和好斗的女孩，则容易出现欺凌行为。

二是心理因素。

初中生处于青春发育期，情绪易波动，自控力差，虚荣心强，好展示自己的力量。受欺凌者常常表现出不会和人打交道，性格、行为怪异，内向懦弱，没有朋友，或身体、智力有障碍。

欺凌者中经常有一个领头的，以自我为中心，自控力差，易冲动，缺乏同情心和怜悯心，得到部分同学认同，存侥幸、报复和寻求快感的心理。跟随之人凑热闹，以此来讨好领头人，这种人小孩子性格，没主见，并没有恶意。

三是文化影响。

初中生处于极度想长大的阶段，他们会有意无意地从生活中寻找学习和模仿的榜样，而家长，是最直接、最方便的模仿对象。家庭成员的文化背景或教育方式会对他们产生影响。

另外，这是一个信息时代，大量暴力型电脑游戏充斥着网络。青春期的孩子自我约束能力差，这些游戏有可能强化一个人的进攻心理、情感和行为。

校园欺凌行为是一个不容回避的现实问题。经常受欺凌对学生的身心健康有很大危害，会导致青少年情绪抑郁、焦虑、孤独、学校适应不良等，严重者还会导致自杀，或制造校园暴力事件。我们该如何降低校园欺凌行为的发生频率呢？

　　首先，要通过专项治理，加强法制教育，严肃校规校纪，规范学生行为，促进学生身心健康，建设平安校园、和谐校园。

　　其次，老师和家长要对此类事件的管理达成一致意见，共同参与管理。大部分孩子觉得不想告诉家长或老师是因为会让自己没面子。如果发现孩子默默无语、发呆、痛苦、欲言又止，家长和老师不要错失良机，及时鼓励孩子说出来。

　　对待被欺凌者，家长和老师都不要责备，应保护他们的自尊，并鼓励他们说出被欺凌时间、频率、原因、受伤程度和感受。

　　老师和家长协商，最好让欺凌者的父母和学校一起解决问题，让孩子的父母了解这一行为的严重性，然后学校和两个家庭共同处理和监管，一起制订管理计划。

　　再次，作为初中教师，要密切关注青春期孩子的情绪变化。比如，初一四班的同学在操场上发现了一只死兔子，一个平时很好斗的男孩弯下身子，抓起那只兔子，非常温柔地注视着（这个举动对他来说很难得）。班主任刘老师发现他这一行为，立刻组织全班同学在操场开了一次班会，让这个男孩主持安葬仪式，那天以后他完全不同了，变成了一个温和的人。刘老师说，那次事件可能让他明白了身边的世界实际上是怎样的，而自己的那些不友好行为会给周围的人带来什么。教师的作用不仅仅是教学生读书、写字、算术，更要教导自己的学生如何成为一个优秀青年。从那次事件后，刘老师开始有意识地关注班级里比较好斗、动不动就生气的孩子，时不时给他们一些事情做，比如收发作业、替老师拿东西、负责打开班级电脑等。

最后，有条件的学校要建立压力释放空间，并请心理专业人士定期对青春期的孩子进行压力疏导。

第六章

初中生自我意识出现质的飞跃

人们形象地把少年期称作"人的第二次诞生",是很有道理的。少年,包括初中生,他们开始发现了自己的内心世界,能把自己的心理活动当作客体来认识,学着自己评价自己,不但用自己的眼睛看世界,而且试着用自己的头脑来思考一切。总之,他们开始用自己的观点,对自己童年时代的各种心理积累进行重新认识、重新评价、重新组合,逐渐形成具有主体性、自律性的观念体系。

这个质的飞跃是少年期七大特点中居核心地位的特点。人的发展是由各种系统同时发展融合而成,其中自我意识的发展是最后体现出来的最高成就,它可能就是系统论所指的"序参量",即它是变化最慢的,但一旦变化,整体即出现全局性、根本性的变化。

少年期的孩子刚刚进入现实世界,还没有真正认识这个世界,也缺少在现实世界生活的能力,这时,现实生活好像处处与他对立,使个人的主体性失去了现实性,所以称为自失的主体性。这是一个非常重要的转折期。

◇初中生什么时候"开窍"?

1. 少年期能动性的表现:不同的"开窍"

初中阶段是学校教育和家庭教育感到最困难的一个时期,表面看,初中生成长迅速，父母还没有来得及思考对策，稚气未脱的孩子转眼间就变成了小青年；内在的特点是半成熟半幼稚，他们虽然心比天高，但是实际能力却低得可怜。这个时期，他们特别需要成人密切关注，而又最反对成人管理，因此变成最困难的时期。

所以成人在这个时期需要更加讲究教育艺术。对初中生成长中的大事小事要"一起抓"，但是成人必须将那种居高临下的态度改为相互尊重的态度，采取"引而不发""内紧外松"的策略。

当然，整个初中阶段并不是一成不变的，过来人都会发现初中有着一个有趣的"开窍"现象，它是一种自觉能动性产生的表现。"开窍"现象，在每个初中生身上的具体表现并不一样。

"我那个又懒又馋的孩子，每天回来一个劲地喊'饿死了！怎么还不开饭！'，今天可怪了，回来后主动到厨房对我说：'妈妈，您上了一天班，多辛苦，让我学着做饭吧，您歇着。'""我那个脸皮厚不要强的孩子，从来都是我催着、赶着才做作业。今天奇了怪了，一回来就悄悄地在屋里做作业呢……"

有一位家长来信，急迫地想知道如何帮助孩子早点"开窍"。

听到您说您对孩子"开窍"也有研究，说实话，我一直期待孩子"开窍"的那一天呢！我的小孩是女孩，很贪玩的那种（马上12周岁，暑假后上初一），我总感觉她还很有潜力，但她现在无论是做事还是学习都不够主动，也缺少韧性！虽然我们也一直在努力培养她的主动性和韧性，但效果不好。我总希望哪一天她能自己"开窍"，在做事和学习方面更主动、更有韧性。那样，她一定会把潜力发挥出来，会变得更优秀！所以想请教您，作为家长，怎样去做才能帮助孩子早点"开窍""开好窍"，请您给我们家长一点意见！

针对这种现象，我们曾经在两种类型的中学作过调查，结果发现绝大多数家长和孩子都认为有"开窍"现象，有的早自小学五六年级，有的晚至初三以后。不过调查显示，大约88%的学生是在初中二年级下学期之后"开窍"的。"开窍"持续的时间也不一样，短的一个星期，长的要一两个月。

对于"开窍"现象，一些学生、教师和家长也表示认可、理解和支持。

用学生自己的话说，就是"不知怎么回事，过去回家就想自己肚子饿，别的看不见也不想。可是，今天看着妈妈刚到家，就拖着疲惫的身体去做饭，我心里就觉得难过"。

有一位老师写道："我就觉得我的部分学生到初三好像'开窍'了……"

一位家长表示："对开窍现象我有同感，我就是在初二暑假补课时开窍的。那时候完全不觉得累，读书也不要父母、老师监督，自觉性超强，一个学期就从年级的600多名（年级一共800多人）上升到150多名……"

另一位老师回忆道："我开窍比较晚，到了高中才自觉努力。可能是中考使自己对人生有了新的认识。"

"开窍"现象可能就是初中生出现的一种质变，也就是在多种量变基础之上，达到一定程度后，出现的变化。

根据在两所学校的调查，我们发现在一定量变的基础上，几种事件会触发开窍。

一是生活中的重要事件。

有一个初二转学的学生，在转学时，校方说：你现在是借读，我们还要看你的表现，才能决定是否让你留下来继续学习。学生明白了：不努力学习，可能连个读书的地方都没有。结果他就有些开窍了。

二是印象深刻的活动。

许多学生表示，是在"14岁生日"活动之后出现开窍现象的。"那次活动之后，好像变大了，懂事了""开始思考今后做什么"。有一个学生一直珍藏着14岁生日活动时留下的半截蜡烛，时常拿出来看看。

我们当然希望这种"开窍"现象能够尽早到来。但是，它需要的多种条件，有的是不以人的意志为转移的，比如身体的发育，思维的发展，自我意识的深化。所以，我们不能操之过急，需要有一个扎扎实实的量变过程。

当然，如果能够优化教育环境，激发孩子自我教育的意识，适时举办有影响力的活动，也有助于减少量变过程中的曲折，让孩子的发展更加迅速，更加丰富，更加有质量。

2. 少年期自主性的表现：片面性、表面性、主观性

初中生与小学生不同的突出特点是他们开始用自己的眼光、自己的大脑，重新观察和分析自己及他人。

如一位北京延庆三中初二的学生说："老妈太唠叨，老爸太厉害，还是靠自己的好。"一位北京医科大学附中初一的学生说："我一直坚信，是金子总会发光，我也许就是被埋在土里的金子，总有一天会破土而出，发出光芒。"

这点是非常重要的，因为从此他将用自己的这些看法，自觉地指导他的一切行为了。正确的看法当然表现为正确的行为，而错误的看法必将导致错误的行为。

少年时期的自主性并不稳固，也不成熟。少年的不成熟表现在三个方面：

一是片面性。少年常常是固执地强调某一方面，夸大某一方面，不善于全面地、辩证地分析事物。这是因为他们的认识还没有系统化，知识积累也不够。但是少年的这种片面性，不是固定不变的，会随着他们不断的

学习和成长，逐渐得到改善。

例如一位初一学生说："我的理想：第一，能够出国（即使再困难），虽不太现实。第二，希望自己长大后在好玩的地方工作。第三，如果前两项都不能成功，做一名'幼师'，可以天天与小孩子在一起。"我们从中可以看出他正在调整自己的看法。

二是表面性。少年常常被一些事物的表面现象蒙蔽，被一些非本质的、次要的理由牵着鼻子走。有的初中学生不想长大："妈妈总是唠唠叨叨地说：'你长大了，不能像小学时那么闹，那么玩了。'为什么？我还是小孩呀！"

产生表面性，这也是因为他们的生活经验不足，认识还没有达到系统化、理论化的程度。但是随着他们不断地学习和成长，表面性同样会逐渐得到改善。

三是主观性。少年处在第三次自我中心状态。他们认为"自己是无所不能的，完全有能力按照自己的计划来改造社会和改造世界，达到理想的境界"。"我有一个梦想，就是长大之后，能成为一位明星。我非常喜欢唱歌，有事没事的时候就唱几句。也许我会成为一位明星，嗯，肯定会成为一位明星。"

这种主观性的问题，只有在他们回到现实中去，通过实践的检验，才能逐渐得到解决。

3. 少年期目的性的表现：开始有了自己的追求

少年的自尊心很强，这反映了他们在追求自我价值。但是由于不成熟，价值观没有完全形成，所以他们的自尊心有时表现得比较浮浅、易变，甚至互相矛盾。

半成熟和半幼稚的矛盾，依赖性和独立性的矛盾，"个人寓言"（个人寓言是指少年个体认为自己是独特的和不可战胜的；别人可能会遭受各种不幸，但绝不会落到自己头上；自己不会死。这种想法往往会导致青少年做出一些非常愚不可及的，甚至造成不可逆的悲剧性后果的行为，比如飙车、吸毒、自杀、不洁性行为等。）和思维的片面性、自控能力不强的矛盾，少年整体的这些"矛盾心理"，也从心理层面说明了，为什么少年期在主体性发展上正处在一个转折期。

例如，一位初中一年级学生说："我的理想是当警察，但又想找份既容易又赚钱多的工作。"另一位学生说："我有着当一名作家的伟大理想。呃，电脑游戏专家也不错，业余导演也行。我不习惯听天由命，更喜欢逆天而行。我行我素，这就是我。"

我现在教的初中一年级学生的近期目标，几乎清一色都是"期末考一个好成绩"；远期目标已经和小学生不一样，比较有个性特点，有自己的思考。例如"和闺蜜一起考上一个心仪的大学，找个好工作""当演员""当一名医生""成为一位设计师"；还有的选择了具有时代特点的职业——"当著名的声优"；有的还没有完全确定，"当小说家吧，还没有想好"；更有的是远期目标带有一种哲理性——"为了喜好而工作，而不是为了钱而工作""宁死不做第二！"

从少年期生理、心理发展看，个体差异非常突出，有时可以相差4年；如果加上走向社会的深度、广度的不同，在主体性成熟程度上看，个体差异更大。

从主体性角度看，这个变化虽然在少年的内心是十分剧烈的，但常常不容易被成人及时察觉到。少年认为自己长大了，要求与成人平等相处；而在成人眼里，少年仍是个孩子，他们自然会继续以居高临下的不平等态度对待少年。于是冲突必然发生，有时要延续很长时间，直到成人改变态度为止。

建议成人，最明智的做法是，学生一进入初中（经验教训告诉我们，不能再晚了），不管他们是否显得幼稚，成人都应主动调整关系，以平等的态度对待他们，同时以更高的标准要求他们，并在保护他们"尊严"的前提下，提供一些实际的指导与帮助。

一个人如何认识自己，也就会如何对待自己。自卑或过分自尊，都会严重地影响初中生的心理健康发展。教师、家长和学生团体在这方面都应该给予每一个学生具体的关心和帮助。

◇怎样培养初中生的自我认识能力?

在初中阶段，学生的自我意识发展处在质变阶段，这正是我们培养他们自我教育的意识和能力的好时机。

自我教育是一个由四个环节组成的动态结构。一般人都是在自我认识的基础上，提出自我要求；在自我要求的目标引导下，不断地通过实践过程中的自我监督、自我控制、自我调节，力争达到预期效果；然后用自己认可的价值观对自己进行评价，通过这一评价，形成对自己的新的认识。在此基础上，开始新的自我教育的循环上升过程。

自我认识是自我教育的前提。苏霍姆林斯基指出："人，只有当他了解自己时，才能教育自己。"因为一个人有什么样的自我认识，就会对自己提出相应的要求；有什么样的自我认识，就会推动自己怎样行动。一个认为自己很聪明的孩子，对什么事情都有尝试的积极性；而一个自认为很笨的孩子，则往往在成功面前停下了脚步。

人的动力，来源于现实自我和理想自我之间的矛盾。现实自我，就是自己对自己现状的认识。如果对自己认识不正确，自卑或自傲，都不能为自己的发展提供一个真实的客观基础。只有正确地认识自我，才能正确地提出对自己的要求，从而使自我教育走上健康的道路。

不过，人正确认识自己并不容易。比如，人对自己长相的认识，就是一个复杂的过程。因为人从出生到死去，都不可能直接看到自己的脸，最多只能隐约看到自己的鼻子尖。人对自己长相的认识是从水面、镜子、照片和录像中间接认识的。但是照片上的形象是不是真和自己的长相一样，还需要旁人的确认和自己的推断，经过长期的实践过程和思考分析，才能逐渐形成比较正确的稳定的认识。

1. 自我认识的内容很广泛

构成自身的一切都是自我认识的内容。

对最基础的物质层面的认识，如身高，体重，头发长短，皮肤黑白；对生理层面的认识，如胃口好坏，出汗多少，心跳快慢，体态胖瘦，身板强弱；对机体活动力的认识，如力量大小，跑得快慢，跳得高低，扔得远近；对心理层面的认识，如情绪的稳定和易变，记忆的长久和短暂，内向或外向，能力高低，气质类型等等；对社会文化层面的认识，如热爱集体，关心他人，理想，人生观，价值观，知识积累，爱好特长，行为习惯等等。

这些组成了人的自我认识，这一内容和西方心理学说的自我概念是一致的。研究表明，青春期是自我概念发展最快的时期，这个时期如何引导学生正确地认识自己，尤其应引起教育者的注意。

2. 自我认识的深度，受到内外条件的制约

自我认识的内容虽然很广泛，但是具体到每一个人，认识的深度能达到哪一个层面，总要受到两方面的制约。一方面是作为客体的我，暴露和展示的程度如何。如没有经过多种测试，不易发现自己的记忆能力如何；和别人交往极少的人，难以判断自己的性格类型。另一方面是作为主体的我，自身中枢神经系统发展成熟的程度如何。如幼儿自己尚不能了解自己

的思维类型、气质特点等这样一些带有抽象性质的品质，也不可能有自己的人生追求。他们不会自己提出任务，即使别人提出了，他们也无法在这一层面上认识自己。只有到了中学，学生产生自我意识，对自己的精神世界、心理活动才真正开始有了认识。

3. 自我认识可以细分为三个层次

第一，客观地认识自己。

正确认识自己，最根本的是要客观地认识自己，也就是实事求是地认识自己，既不盲目听信他人，也不自以为是地看待自己。

之所以有的学生不能客观地认识自己，往往和家长、老师的误导有关系。有的家长抱着"恨铁不成钢"的心情，经常说孩子"笨""傻"，结果孩子就真认为自己"笨"，从一开始，就站在了错误的起点上。有的老师，仅仅根据分数高低或者遵守纪律的情况，简单地把一部分学生划为后进生。这些都影响着学生客观地认识自己。

学生年龄小的时候，对自己的认识往往来源于"重要他人"（一般就是家长和老师）。这时候成人就应该特别讲究语言的艺术，防止误导学生，要使学生在成长中得到更多的正能量。

第二，全面地认识自己。

正确认识自己，还需要学会全面地认识自己。我在中小学进行调查时，发现不论在小学还是初中，几乎每个班总有一两个同学，认为自己"只有缺点，没有优点"，或者"只有优点，没有缺点"。

任何一位同学，如果不能全面看待自己，或变得盲目自卑，或变得盲目自傲，都会影响自己的进步。老师必须及时发现这一点，并予以进一步引导。

第三，发展地认识自己。

一成不变地看待自己，以为落后就永远落后，先进就永远先进，最终不是使自己丧失信心，就是使自己丧失前进的动力。初中生容易看到一些比较快的变化和外在表现明显的变化（如自己学会了一种游戏，个子长高了），不容易看到一些发展比较慢、外部表现不明显的变化（如经过多次努力，表面上分数仍然没有提高，其实是处在学习的量变阶段，有了些许进步，只是变化不明显）。这些都会干扰学生正确地认识自己。

◇怎样培养初中生的自我要求能力?

自我要求是自我教育中的重要一环。一个人如果仅仅是认识自己，却没有让自己变得更好、更完善的愿望，一旦没有进一步的自我要求，自我教育的这四个环节只能中断，也不能出现螺旋式的上升。所以，要推动自我教育的进行，我们需要关注的是在认识自我之后，要紧接着进入自我要求这一环节。

但是，从我1996年在北京城区对中小学生自我教育能力进行的调查来看，在四个环节中，目前最薄弱的一环恰恰是自我要求。也就是说中小学生能口头说应该怎样做（自我评价），也能知道自己做得如何（自我认识），但行动差（自我践行）。尤其值得注意的是，最不想去做——缺少对自己的要求，缺乏进取心。

自我要求可以细分为三个层次：

1. 形成动机

一个人，当他不满足于自己的现状，有改变自己、产生让自己越来越好的强烈愿望的时候，才能进入自我要求的第一步——形成动机，开始自我教育的第二个环节。

恩格斯说过："就个别人说，他的行动的一切动力，都一定通过他的头脑，一定要转变为他的愿望的动机，才能使他行动起来。"要进行自我教育，自己提出对自己进行教育的要求是最关键的一环。一个觉得自己已经十分完美的学生和一个自认为无可救药的学生，同样都不会真正进行自我教育。他们虽然对自己的看法截然不同，但内在的本质是相同的——都是来自错误的自我认识。这两种看似相反的看法，导致的却是相同的结果，那就是都没有自我教育的愿望和动机。

正像苏霍姆林斯基所指出的："只有当他的精神力量用来使自己变得更好、更完善的时候，他才能成为一个真正的人。这里说的就是学生在精神生活的一切领域里的自我教育。"[①]

2. 提出目标

和动物不同，人类在行动前，在头脑中就会出现超前的表象，这里的表象，就是指自我教育的目标、蓝图和远景。要建立一个比较符合实际的目标、蓝图和远景，学生需要对自己的现状、能力和需要进行综合地把握。

比如，一个中学生在班上感到被大家冷落了，心情很不好。这时他必须首先对自己的"需要"究竟是什么，有一个正确的认识。他其实需要的是"别人对他的尊重"，是一种自尊的需要。其次，他还需要对被冷落的现状，有一个实事求是的分析，之所以"感到被大家冷落"，究竟是因为自己多疑，旁人骄傲自大，还是因为自己本身的缺点。最后，再对自己解决这一问题的能力有一个正确的估计。在这个基础上才能设置一个恰当的行动目标：是在班上捣乱引起别人的重视，用金钱去收买人心，还是用自己的优良行为去赢得大家的信任？有时候，也许仅仅需要的是消除自己的多疑，就能改变局面，从而满足自尊的需要。

中学生设置的自我教育目标，应该是长远目标和近期目标相结合，远

---

① 苏霍姆林斯基：《给教师的建议》，教育科学出版社，1984 年出版，第 347 页。

大理想和具体设计相结合。

长远目标——中学生需跳出自己生活的小圈子，要有远大理想，以英雄人物为榜样，树立自我教育的长远目标。苏霍姆林斯基指出："所谓自我教育，就是用一定的尺度来衡量自己。很重要的一点，要让学生用英雄人物的生活作为测量自己的尺度。"①

近期目标——一方面，不但要学英雄，还要就近学同学中的榜样；另一方面，不但要有人生大目标，还要有自己的年目标、学期目标、周目标、日目标。这样才有可能使自己的要求转化为具体目标，由于目标比较清晰，更容易落在实处。

3. 安排计划

安排计划包括行动的方案、步骤、过程管理、方法和措施等内容。这是为了达到目标对实践过程的一种预设。

对于中学生来说，安排计划可能有一定的难度，但是，又是非有不可的。目标好比是过河，必须解决怎么搭桥和怎么划船的问题。如果没有这一步扎实的安排，自我教育就有可能落空。因为自我教育是一种需要自己把握的实践活动。而中小学生自身就存在着不善于全面规划、不善于细致筹备的弱点，而他们面对的客观情况往往又是千变万化的。

所以，对于安排计划这项工作，老师、家长应该多给孩子一些具体引导。

有一个学生，考试成绩总是全班最后一名，他完全丧失了前进的勇气。这时候，他父亲循循诱导，帮助他制订了一个后进变先进的计划。第一年超过倒数第二名的同学，第二年超过倒数第三名的同学……这个计划使他看到了黎明前的曙光，于是他开始努力，一步步改变了落后

---

① 苏霍姆林斯基：《给教师的建议》，教育科学出版社，1984 年出版，第 354 页。

的现状。

学生的计划，有的大而空，有的只有琐碎的小目标，而缺少人生规划的指引。北京顺义一中的盖伟老师引导学生："既有远大理想——'外职业生涯规划'，也有了怎样实现远大理想的具体可行的计划——'内职业生涯规划'，这些孩子们的生活一下变得充实起来了。"

实践经验证明，长远的目标能从根本上引导着学生，而近期的具体目标，则能保证计划逐步实现，就有可能使学生的自我教育不断取得阶段性成果，增强其继续前进的信心。

◇怎样培养初中生的自我践行能力？

自我践行是自我教育四个环节中最关键的一环，没有这一环，自我教育只能是空中楼阁。我国历代知识分子虽然崇尚自我修养，但是很多人不仅脱离实际，更是脱离群众，因此往往把自我修养变成了一种远离现实生活的"闭门思过"，而且还进一步养成了面对蓬勃发展的客观世界时，"述而不作""坐而论道"的陋习，这些也间接影响了年轻的学生。这点在当前尤其要加以注意，不迈出实践这一步，自我教育永远是一句空话。

1. 战胜自己

将"想"变成"做"，将愿望变成行动，是既重要而又艰难的一步。很多人的失败，就在于这一步"掉了链子"。因为"想"，相对来说比较容易，仅仅是停留在脑子里的心理活动，不需要克服实际困难，也没有什么付出。然而，一旦要行动，敢不敢付出，愿不愿意承担责任，一个个问题都会成为"拦路虎"。

这个时候，如果确信自己的选择是正确的，你就需要战胜自己的"惰性""怯懦"，要对自己狠一点。

苏霍姆林斯基非常重视培养"强制自己"的品质。他认为"自我教育的实质包含着善于强迫自己"。他说："如果一个人在童年时期就体验过克服自己弱点的满足，那么他就会以批判的态度看待自己。正是从这一点上，开始了一个人的自我认识；没有自我认识，就既不可能有自我教育，也不可能有自我纪律。一个年纪幼小的人，不论他把'懒惰是不好的'这句话记得多么牢，理解得多么清楚，但是如果这种情感，没有迫使他在实际行动中管住自己，那么他就永远不会成为一个意志坚强的人。"[①]

"人的最大的胜利就是他能战胜自己。一个人从童年起就要学会支配自己。从小就要学会命令自己，管束自己。逼迫自己去做应当做的事，而且把应该做的事变成你愿意做的事。"[②] "在童年和少年早期，在7～11岁时，就要教会一个人自我管理，而如果需要的话，还要学会'强制自己'的能力。若是错过这个时期，以后就会不可避免地出现重新教育的问题。"[③]

2. 自我监控

强烈的自我教育的动机，美好的自我教育的目标和周密的自我教育的计划，都要在实实在在的实践中接受考验、得到监控，才能取得发展。

有经验的教师，十分强调激发孩子自我监督的重要性，沈阳雨田中学刘蓉老师说："必须让她发自内心进行自我约束，才可以改掉缺点。"

实践出真知，实践是检验一切真理的标准，这些法则在自我教育的过程中也同样适用，只不过在运用中显得更加复杂。因为这一过程不但有来自外部的影响（如写作业时，隔壁电视机传来诱人的声音，做完作业

---

① 苏霍姆林斯基：《给教师的建议》，教育科学出版社，1984年出版，第352页。

② 苏霍姆林斯基：《苏霍姆林斯基选集（第二卷）》，教育科学出版社，2001年出版，第425页。

③ 苏霍姆林斯基：《苏霍姆林斯基选集（第五卷）》，教育科学出版社，2001年出版，第335页。

的同学来邀请自己一起踢足球等），也有来自内部的干扰（如自己的懒散习惯，遇到了总也解不开的难题等），都会干扰计划的实行。所以，要不断地对自我践行过程进行监督，对出现的情况加以判断，看看哪些和原来预想的设计有了出入，出了偏差。分析一下原因是哪些，准备如何解决……

在老师的启发下，有的学生的自我控制，还表现在能够根据自己的情况，积极想办法解决。如请同学在自己容易犯老毛病时，及时提醒自己；早上请家长叫醒自己。这些直接、主动求助于他人的控制，对于起点低的学生也应该视为自我控制。

通过自我监督发现了问题，有些是外界并没有什么干扰，而是由于自己主观上就没有付出努力，自己放松了要求。对于这种自身的坏习惯，只能靠自己的意志力来解决了。当然，毅力只能来自正确的目的，所以，自我控制是和学生的理想、追求紧密相连的。

另一种情况是外界干扰引起了自己的心理冲突，不能把要做的事坚持下去（如隔壁电视机的诱惑），这就要善于重新唤起心中的美好目标，再次强化对自己的要求。如有的学生就在自己的书桌上，摆放能激励自己的格言、警句。这类做法，只要是学生出于自愿，不是被迫，往往效果也比较好。

更重要的是，学生在这一次次的自我监控的过程中，意志得到锻炼，初步获得了成功的体验，就会逐步提高自信心，从而走向成功。

3. 自我调节

俗话说，计划赶不上变化。自我教育的过程也一样，遇到的现实情况往往与预期的不同，这就需要学生及时进行自我调节。

有的教师（北京顺义一中韩克剑）激发学生"把存在的问题真实地摆出来。面对真问题才有真思考，有了真思考，才有独立人格，随后才会有自我。学生有了自我，才有自我教育存在”。根据这个认识，教师引导学生召开交流会，对规划作出总结反思与调整，一步步激发学生实现自我践行。

在调节的问题上，学生常常出现两种极端表现：一种是固执地丝毫不考虑调节，误以为这是自己意志坚定的最佳表现。历史上世世代代都有“不发明永动机，誓不罢休”的糊涂人，当代也有成千上万个“不当上文学家，死不瞑目”的可怜人，当他们的“作品”被一麻袋一麻袋地送往造纸厂时，也从不思考自己当文学家的主观条件和客观条件是否具备，仍然是咬紧牙关，一篇篇地写下去。而另一种则是走向另一个极端，过于轻率、频繁地进行着调节。他在自我践行的过程中，只要客观上稍有障碍，主观上稍有困难，就重打鼓另开张，用自我调节的借口来掩盖自己意志力薄弱的致命弱点。

一般情况下，最好是“再坚持一下”，因为事物在发生质变前，往往是最困难的时期，“黎明前的一刻是最黑暗的”，许多胜利是在“再坚持一下之中”产生的。对于初中生的成长来说，不战而退，就不如拼搏一下，即使不能成功，也能取得一些经验和教训，更重要的是锻炼了意志。当然，当情况已经十分明显，继续蛮干下去肯定毫无效果时，学生就要勇于及时自我调整，急流勇退，撞南墙肯回头，其实也是一种对意志的锻炼。

◇怎样培养初中生的自我评价能力？

认识和评价之间有联系，但两者不同。认识是对客观事物的反映，而评价是知识和态度的结合。如果把自我教育过程比作一个螺旋上升的轨道，那么自我评价就是具有特殊意义的一环。这一环将决定自我教育在进入下一周期时，驶入哪一个轨道。

云南昆明市，有一位初中生，看到一位老人被骑自行车的人撞倒，昏迷不醒，但骑车人逃跑了。于是他就将老人送进医院，还交了住院费。没有想到的是，他竟被老人的儿子诬陷说："肯定是你撞的，你要是没有撞人，为什么还交住院费？"该学生有口难辩……后来老人清醒过来，才还这位学生一个清白。

这时候，他必然会对自己的行为有个自我评价，如果认为"救人反被诬""好心不得好报""做了一件傻事"，这样的评价结果，肯定会令他下决心今后再也不做这样的傻事了。而他和他的父亲，却坚定地用正确的思想来评价这件事，宁肯自己受委屈，今后还要坚持这样做。他认为这样做是社会进步的需要。当然，由于社会的复杂性，以后再遇到这种事情，他会尽量取得人证、物证。可见，自我评价必将影响自我教育的方向。

1. 选择标准

自我评价要有标准。每当做完一件事，人都会自觉不自觉地用"价值"这把尺子量一量，即通常说的"值不值"。问题的复杂性在于：这把尺子并不是固定的，不但每个人用的尺子可能不同，即使同一个人，用的尺子也会发生变化。

价值观是在长期实践中形成的，欲望、动机、兴趣、爱好、情绪、情感是较低层次的价值意识，而信念、信仰和理想则是较高层次的价值意识，其在系统化和理论化之后，就成为对人影响极大的价值观了。

自我评价，首先要选择评价标准。"所谓自我教育，就是用一定的尺度来衡量自己。很重要的一点，要让学生用英雄人物的生活作为测量自己的尺度。"[1]

许多学校、家庭激发学生学习完英雄人物事迹之后，用英雄的言行作

---

① 苏霍姆林斯基：《给教师的建议》，教育科学出版社，1984 年出版，第 354 页。

为标准进行自我评价，有效地提高了学生的精神境界。学生不但学习名言警句，而且写出质量很高的"凡语""益言"，对自己进行再一次的激励。

如何评价学生的学习，有的教师和家长主张："孩子只要尽力就好，不要计较分数。"教师和家长首先要能从考分中解放出来！

在当前应试教育的阴影仍然没有消退的情况下，是否选择高考成绩作为评价标准，就是一个很重要的问题。有的人说：许多贫困家庭的子弟，要想改变命运，高考是当前唯一的机会。所以把高考作为评价标准没有什么问题。

当然，改变命运的要求绝对是正确的，高考也的确是比较公平的。但是如果简单、孤立地把高考作为唯一的评价标准，还是有问题。问题在于，高考只能比较公平地评价一个学生一部分的学习成绩。而这个学生是否全面发展，则评价不出来。例如复旦大学的研究生林森浩是高考780多分（总分900分）的高才生，最后却成为杀人犯。可见仅仅靠高考分数，而不能全面发展，是不能真正改变命运的。

因此，学生就不能把高考分数当作唯一标准来选择，而是应该坚定地把全面发展作为评价标准。

2. 分析自己

在实践之后，每个人都会有各种各样的体验，并会用价值标准来分析自己。这一步如果做得好，就能够得到比较清晰的正确认识。

学生们参加义务劳动之后，得到丰富的体验。这时候他们还必须通过认真分析自己，思想才会有提升。例如，有的学生通过劳动获得了成就感，发现劳动的确能够改变世界，也感到自己很了不起——一块荒地在自己手下变成良田，一片庄稼被大家收割干净。有的在劳动中发现了自己的不足，会有针对性地找出原因，采取积极的态度，锻炼自己。但是不必讳言，也有的感到重复的、苦燥的劳动十分乏味；甚至有的对艰苦的劳动产生了恐惧。所以不要以为，通过劳动实践，学生就一定会热爱劳动，其实也会产生厌恶劳动的结果。下一次再有劳动活动，他们就会用"磨洋工"、请病假的方法躲避劳动。因此怎么用正确的价值标准，来认真分析自己的这些体验，就显得格外重要。

另外，一定要实打实地进行分析，要敢于面对自己，要用自己内心认可的价值标准来分析自己的真实情况、真实思想。因为人往往存在一些自己都没有发觉的现象：一是用"应该"（老师要求的，学校规定的）作为价值标准来分析自己，可是并不是自己认可的；二是避开自己的真实情况，尤其是内心的真实想法，而敷衍了事，说一些冠冕堂皇的话。这样空对空的分析，得出来的只能是一种虚假的"分析认识"。

所以说，成人的正确引导是十分重要的。成人要善于帮助孩子，让他们首先面对自己的真实想法；然后对照核心价值观，看看哪些可以认同，哪些有差距；最后逐步接近。这个过程往往需要反复多次。

但是，初中生的自我评价和小学生的不同，小学生是由成年人提出要求，而初中生则能通过自己提出要求来调整自己的行为。研究发现，初中生与小学生相比，更加不满意自己，负面的自我评价大为增加。他们评价自己的标准更加广泛、丰富。人际关系中的"道德心理因素，正在成为他们自我评价的主要准则"。他们"试图找出这些缺点的一般性原因，并把这一点作为自我教育的主要任务"。

3. 肯定自己

肯定自己，就是指学生通过一次次自我践行、自我评价，逐步看到自己的价值，肯定自己的价值。

学生发现了自我，进行了自我肯定之后，才会有自我教育。所以苏霍姆林斯基强调"自我肯定是自我教育之母"。当然这个"发现自我"有一个过程，自我肯定也有一个过程，作为"第二次诞生"的少年期，应该是重要的质变阶段。

苏霍姆林斯基认为："教会少年肯定自己，不能寄希望于找到一种万能的方法。对少年来说，自我肯定的过程应当成为他生活的真谛。"[①]也就是说，自我肯定是他全部生活中真实的、最有意义的内容。

一个初中生，通过自我教育的四个环节之后，最重要的是发现自我，重新认识自我，进一步肯定自我。因为这时候的自我，不再是原来的自我，而是通过了自己的实践而获得的一个新的自我。这种自我肯定，对于一个正在发展的少年来说，意义是非凡的。

一个人，经过自我认识、自我要求、自我践行，最后进入自我评价环节。自我评价经过选择标准、分析自己，在肯定自己之后，就会进入新一轮的自我教育。

自我评价不能和群体评价割裂开。群体评价就是群体的自我教育。"人的存在具有两重性，既是个人的存在，又是社会存在物。"学生的自我教育能力的培养也需要家庭、集体、同伴及各种社会关系参与。自我评价同样需要调动一切积极因素，灵活采取各种方法与"公众评价"相结合。"如果在集体里没有对少年的道德面貌、劳动和行为提出严格的要求和进行公众的评价，那就谈不上让每一个少年认识自己。"[②]在这里，苏霍姆林斯基强调的是"公众的评价"对培养自我教育的重要性。

例如，有的中学生为了集体的荣誉，为了不拖大家的后腿，自己努力提高学习成绩。在这种目的尚不远大，认识也不深刻形成的动力驱使下，自己的学习成绩的确上去了，而更重要的是，在这个过程中，他尝到了学习的甜头，体验到掌握知识和本领的愉悦，产生了学习更多知识的需求，形成了新的价值意识。用这种价值意识评价自己，就会重新认识自己，发

---

① 苏霍姆林斯基：《育人三部曲》，人民教育出版社，1998 年出版，第 367 页。

② 苏霍姆林斯基：《给教师的建议》，教育科学出版社，1984 年出版，第 353 页。

现自己过去的想法和做法上的问题，就对那种不求上进的心态感到羞愧。于是他将会对自己提出新的要求，走上一条崭新的自我成长的道路。

这四个环节，并不是完全依次进行，中间可能有交叉。以上只是总结以往的初步经验，提供给大家一个可以参照的框架。相信在广大初中教师和学生的努力下，将会探索出更多的培养自我教育能力的经验。

第七章

初中生人际交往对象重点转向同龄人

◇初中生为什么更加亲近同龄人?

初中阶段的学生普遍有一个突出的特点——人际交往对象的重点出现转移。他们逐渐从与父母的交往为重点，转为与同龄人的交往为重点。这时候的初中生，好像既不相信老师，又远离了父母。

令我们惊讶的是，全世界的初中生竟然都是如此:

一个北京的初一学生说:"小时候特别喜欢跟妈妈在一起，现在不喜欢了，因为成熟了，觉得和妈妈说不到一起去，特别喜欢和同学、朋友在一起。"

有的说:"父母越来越不理解我，有时我都会认为他们根本不了解我。"

——来自对北京一个初中学校的调查

俄罗斯家长对初中生的议论是:"越来越固执""你说一句，他回你十句"。家长们类似的抱怨多得很。老师和父母的话不听了，可是，什么柯利亚或者娜达莎却成了他们的崇拜对象。"这些讨厌的功课，教会不了你什么。像柯利亚一样学会打架，才是正经事。要紧的是有劲儿。学会打拳，保险全班都服气。"

还常听到儿女们说，"这种衣服现在谁还穿""用不着你管我，我自己什么都懂"。

——苏联《家庭与学校》

有经验的教师也经常抱怨——初中生工作难做。他们身上常常出现某种神秘莫测、难以理解的现象。

——来自苏霍姆林斯基《公民的诞生》

"就他那些朋友重要，根本不把我和他爸放在眼里。"

"过去那个叽叽喳喳的小甜心如今变成了陌生人。"

"我一句无心的话，她就大发脾气。""我自己的事我能做好，不要你管！"

"别人都说孩子一旦上了中学，就进入了青春期，都会变得沉默寡言，但我觉得女儿也变化太大了。早晨上学时，她只说一声：'我上学了！'晚上回到家再报一声：'我回来了！'一天基本上就只说这两句。一放学，她就径自躲进自己屋子里，像是房间里藏了个什么宝贝似的，进了屋就再不出来。坐在一起吃饭时，她也只顾着扒拉着饭，吃完就一刻不闲地又躲进自己房间里。开始时我还只是担心，不过现在，觉得女儿的这种做法也太气人、太叫我伤心了。"

——来自韩国高奉益、李正我的《如何引导，青春期孩子才会听》

初中生这种心理上与父母、老师拉开距离的现象，被称为"心理上的断乳期"，正像孩子一岁左右要断掉母乳，去独立汲取大自然的各种营养一样，初中生从心理上已不满足于家庭、学校这个狭小的范围，而要走向更广阔的天地，去探求更多的知识与社会经验。

近期，中国教育科学研究院的李清霞作的一项调查表明：在亲子关系方面，初中生向父亲或母亲倾诉心事的比例均在15.5%以下，跟朋友、同学倾诉心事的比例在48.07%以上。其中初二年级的数据明显高于初一年级。

步入初二后，有些学生开始反驳、顶撞老师和家长，越不让做的事越要对着干，会出现不同程度的叛逆、对抗情绪，甚至有闹事等行为，自然会影响到青春期的亲子关系。10.41%的家长感受到了犹如"针尖对麦芒"的冲突（初一为8.47%，初二为10.41%，初三为9.01%）。这些数据表明，初二时父母体会到了亲子关系的变化，但未能及时进行有效调整。

但是，人际交往对象重点的转移——从父母变为同龄人，为什么有些初中生要采用这种不近情理、让人伤心的方法进行呢？

这就要从初中生和成人两方面进行分析，才能得到恰当的解决方法。而且这个解决方法，不仅仅是为了搞好关系，更重要的是帮助初中生更好地度过最佳塑造期。

1. 遭遇成人的不尊重，是初中生远离成人的原因

"独立性"是初中生主要的特征。强烈的独立意识和内心的成人感，使初中生产生了调整与周围人关系的心理需要。他们已不再像儿童那样在情感上对父母无限依恋，也不像小学生那样把老师看作至高无上的权威。

在家庭中，他们希望得到尊重，能够自主，不愿父母再把他们当成小孩子看待。甚至亲热的"摸摸脑袋"的爱抚动作、反复的琐碎说教都会使初中生反感，而过多的限制、粗暴的指责更会激起初中生的反抗。

初中生需要精神支持，但是家长仍给予物质鼓励。从家庭学业支持来看，学生之所需和家长之所给也存在不一致。李清霞老师的调查表明，17.89%的初二学生喜欢"让我自己管自己"（高于"给我做学习的榜样""买学习资料""鼓励和肯定我""辅导我的功课"的比例），说明他们更希望拥有自主学习空间。但家长选择"督促他学习"的比例在各项中最高，所给与所需显然相悖。初二家长选择"给他买学习资料，报辅导班"和"搞好'后勤'服务"的比例比初一家长明显增高，说明家长仍注重提

供物质方面的学业支持，鼓励、肯定等精神方面的支持仍不能满足子女的需要。

在学校，他们也同样希望得到尊重与信任。如果教师不尊重学生，处理问题"不公平""偏向"，批评不讲方式，都很容易引起初中生的对立情绪。

初中生的独立性和批判性显著发展，开始否定权威。他们发现成人并不完美，如发现"妈妈与奶奶有时会发生争吵，我觉得这些大人比孩子都小气"。初中生对老师也不再像儿时那样无限信赖与崇拜，他们不断公开或私下评论老师的长处和短处，根据老师外部或内部的特点，给老师起绰号，根据自己对老师的好恶，与老师保持不同的距离。

初中生十分渴望与成人之间拥有平等关系。我们在关于人生教育的调查中，听到大量学生呼吁平等的声音。一位延庆三中初二学生说："（要求家长）给子女自由，让子女做想做的事情。"一位北大附中初二学生说："家长和学生应当在一个平等、自由的环境下相处，家长不应像审犯人一样对学生进行批评、教育。"另一位北大附中初二学生说："希望能够心平气和，不要动不动就打。"一位高一学生说："希望父母不要以家长的身份和我们交谈，而应和朋友一样。"

虽然初中生急于摆脱儿童期和父母形成的依附关系，渴望获得亲子、师生之间的平等关系。但遗憾的是，在现实中，师生关系和亲子关系往往存在着不平等的、用陈旧的观点以势压人的特点。初中生遭遇的是成人的不尊重、不理解，这让自我意识开始觉醒的他们十分苦恼，甚至愤恨。

他们说"我认为父母总是不理解我""父母不愿意理解我""父母越来越不理解我，有时我都会认为他们根本不了解我""觉得家长很唠叨，比以前更关心自己，而那种关心使我很烦"。

于是，初中生的交往对象重点转向同龄人。在他们眼里，更有威信的不是来自成人的意见，而是学校或邻居中同龄朋友们的意见和评价。初中生的情感是否正常，越来越取决于他们是否在集体中占据了应有的位置，是否感到自己与别人是平等的，以及在同伴中是否有威信。

一位初一学生说："我觉得我们已经到了青春期，不像小时候那样什么都听爸妈的，我觉得他们应该也听听我们的了，因为我们也有主见。"

其实，越来越多的事实证明，并不是所有的初中生都会出现强烈的"逆反"。有些家庭亲子关系始终比较融洽，而初中生对那些他们认为有水平、有能力、理解和关心学生的教师，同样能够真正给予尊敬。

可见，只有在成人不理解、不尊重初中生的情况下，初中生的"独立性"的强烈需要，才会自然转向能够满足他们心理需要的人群——同龄人。

2. 同龄人之间关系平等，能够得到心理满足

初中生十分渴望和同龄人交往，交友的主动性很高，因为他们发现，与朋友交流十分平等，充满着快乐的气氛。如一位初一学生所说："我希望能交好多好朋友，因为我和我的朋友在一起很快乐。"

据天津的一项调查表明：交往中"总是主动"的学生占26.7%；"有时主动"的占57.2%；"很少主动"和"不主动"的占16.1%。

"初中生选择朋友的主要动机，不仅是为了共同爱好，而且是为了从朋友那里得到支持，成为地位平等的人（初中生在班里并不是总能够得到平等地位的）。寻找朋友还因为在朋友周围充满着令人舒畅的心理气氛。"[①]

在初中生那里，同伴，尤其是比较固定的同伴的友谊高于一切，同伴对他的影响超过成年人。初中生十分珍视友谊，尤其希望找到真正的朋友。一位初一的学生说："有好多人在青春期不爱说话！为什么呢？我认为，在

---

① 奥里珊妮科娃：《心理发生剧变的初中时期》，苏联《家庭与学校》，1980年第1期。

青春期应该要多说话。但是说话要有度，不能说得太多，把什么都说出来了也不好。找一个知心朋友，每天说说话、谈谈心，把自己的想法都说出来，也许会更好。"

有一位初二学生（是我的一位山东威海的网友"快乐的风筝"的孩子），用诗的语言赞美了他心中无比珍贵的友谊。

友　谊

在手中流逝掉的友谊还少吗？

他，她，它，

也许只是生命中的插曲，

但都是独一无二的旋律。

初中生的这种交往，可以说是他们在进入社会之前的一种演习。在这种交往中，初中生之间的关系是平等的，不像孩子和成人之间那种"服从""听话"的关系。初中生之间的许多看法、愿望、体验是比较接近的，更能相互理解，因此，初中生和同龄人交往的愿望超过了和成年人交往的愿望，更相信同龄人。

初中生特别重视自己在集体中的地位。他如果能得到集体的承认、尊敬，尤其是赞赏，就会感到十分幸福；相反，他如果遭到集体的批评，尤其是大家拒绝和他来往，就会感到悲痛。

在日本曾经发生多起初中生由于被集体排斥而自杀的事件，近几年在中国也有类似现象出现，应该引起教师格外的重视。

被集体排斥的初中生，往往忍受不了这种孤立，有的会设法在集体之外去寻找其他同龄人的理解、关心。在这种情况下，有的就会不幸地误入流氓团伙。所以建立一个优良的集体，对于初中生具有特殊重要的意义。

任何年龄段的学生，他们的情绪如何，都依赖于他们的需要是否得到了满足。因此，在教育初中生的时候，我们应该尽力帮助他们，使他们在同伴中占据应有的地位，让同伴充分了解他们。

家长也应该帮助子女所在班级营造健康的氛围，在这样的集体中，学习努力、品德优良、积极参加社会公益活动和劳动的人受到大家的尊敬。如果集体生活正常，但学生却得不到同伴的尊重，家长就应该配合教师一起寻找原因，向他们提出忠告，采取措施帮助他们。

在家里，家长应该关心孩子，尊重他们争取与成人平等的愿望，改变那种令孩子厌烦的监护方式。一般来说，在那种子女的权利与尊严受到尊重，父母子女一起劳动、互相尊重、互相关心、充满真诚的健康的家庭中，是不会产生教育子女的困难的。只有在这样的环境里，初中生的情感才能得到正常发展，即使在班上遇到困难，他们也不会与那些不爱学习的人厮混，放弃学习。

不少初中生只是片面强调成人不理解自己，但是他们从不想想自己是否理解父母和老师。

有些初中生由于不喜欢某个老师，就不好好学习这个老师教的这门课，有的甚至故意在课堂上破坏纪律，以显示自己的"独立性"。

初中生十分敏感，尤其是把他与别人作比较，涉及对他的评价的时候。初中生与成人的冲突，有时候显得十分激烈，那是因为初中生对情绪和情感的自我调节与控制能力虽然在逐步提高，但仍然不够成熟。初中生的冲动性比较明显，往往还不善于根据时间、地点、场合等不同，而克制自己的情绪和情感。

"少年认识到他已经不是儿童，这是少年时期形成的并对少年的精神世界，具有重要影响的自我意识最新本质特征之一。这种思想使少年对教育的作用更加敏感（特别是对教师的失误和失败）。少年对涉及他个人的一切反应特别敏锐，没有一个少年不由衷地希望表现得好，并得到教师，特别是集体对他的赞扬。"①

因此，苏霍姆林斯基告诫成人："善于思考的教育家能够从少年的行为中，发现一种转折：以警觉和批评的态度对待成年人所说的话，性情急躁生硬，有时还容易冲动发怒，干蠢事。"②

不过，敏感并不完全是坏事，生命的敏感就是体察自我、体察外部世界、体悟生命的复杂性，思考如何更好地生活、成长。纪录片导演邓康延说："教育最大的使命，就是让生命敏感。"教师应该在初中生成长过程中呵护他们，让他们逐步成熟起来。

◇在调整师生、亲子关系方面，成人应该主动

1. 教师、家长要主动建立平等关系

有一项调查发现，初二学生的情绪释放方式与家长的引导方式偏差有关。当面对父母给予的压力时，初二学生选择"向父母反抗"的比例最高。当亲子之间对某件事情持有不同观点时，很多学生选择"努力争辩，说服父母"（初一为45.6%，初二为47.22%，初三为46.9%）。

而当子女不赞同家长的想法时，半数以上家长都会"和孩子一起探讨"，30%左右的家长还会"想各种办法说服他"。这种一厢情愿地想说服学生的想法，既与初二学生"自我调节"的希望相悖，也易与他们"努力争辩，说服父母"的方式产生冲突。

在调整学生人际交往方面，教师要主动、要讲艺术。建议教师重点做好以下三方面的引导工作。一是引导方法上，要符合孩子的个性特点，千万不要"一刀切"；二是方法要灵活，要根据时间、地点、场合，选择最

---

① 苏霍姆林斯基：《学生的精神世界》，教育科学出版社，1981年出版，第126页。
② 苏霍姆林斯基：《育人三部曲》，人民教育出版社，1998年出版，第382页。

佳方法；三是满足初中生的审美需要，采取一定的艺术手段。

孩子在儿童时期，由于各方面不成熟，他们更多地依附成人，从内心接受这种呵护和管理。但是，随着生理心理的发展，他们的独立性、自主性要求逐渐增强，就需要改变旧有的关系了。

这种改变，最好由成人主动提出来，而且进入初中应该是最晚的期限。现在多数家庭和一些教师，在这个问题上是被动的，常常是在孩子的强烈要求下（往往以冲突形式提出）才被动接受。甚至个别的成人不理解孩子的这个合理要求，一直对抗，直到不欢而散。

"教育家应当是一个能够懂得和体察初中生思想和情感脉搏的人。……只有那些能与学生思想感情一致，共同关心社会利益并与其休戚相关、苦乐与共、与少年共同进行令他好奇但并不十分明确的探索的人，才能成为初中生的导师。"

"如果我能够把自己心灵中的东西倾注到学生心灵中去，那么学生就会来向我讨教并要求帮助，就会来向我倾吐衷肠。"[1]

其实，成人主动和孩子建立民主、平等的关系，正是引导孩子成长、成人的好时机。因为民主、平等的关系，就意味着对孩子有更高的要求。

成人对孩子的不理解，除了对孩子"孩子脸，大人心"的特点不理解之外，还有就是用自己一成不变的观念来看待孩子的现实表现。成人用自己初中时期的优等生作标准，这样，越比就会越不满意。

当前，我们面临的是一个飞速发展的时代，不论是意识形态、生活方式、交往范围，都发生了显著的变化。在电视机和网络陪伴下长大的孩子，他们独特的个性，不是任何人一反对就会消失的。因此，成人需要与时俱进，不断改变、提升自己的观念。

当然，任何新生事物都是双刃剑。成人和孩子不应该把所有的"新"

---

① 苏霍姆林斯基：《育人三部曲》，人民教育出版社，1998 年出版，第 369 页。

都盲目地接受下来，而是要分析、鉴别，去粗取精，去伪存真。

成人在提高自己的同时，也应该激发孩子进行自我教育。正像苏霍姆林斯基说的："对少年和孩子的教育，像对成年人的教育一样，只有在自我教育的基础上才能进行。而自我教育是人的尊严的具体体现，是使人类尊严的车轮向前推动的巨大动力。教育少年的真正艺术就在于给少年提供一种机会，让他自己去思考：怎样进行自我教育，怎样变得更好，怎样在克服困难和感受胜利喜悦的过程中进行自我奋斗。"

在这里，所谓艺术引导，就是把教育放在自我教育的基础上，把尊重孩子，保护孩子的自尊心，作为持续发展的动力。

这件事情要做好，只能是成人和孩子一起加强学习。因为这个时代就是一个两代人互相学习、共同成长的时代。

2. 换一种对话方式

最近课堂上发生的一件事，让我对与孩子如何对话有了更深刻的体会。

上课铃声响了，我信步走进教室，师生问好后，我要求学生们把美术学具材料放在课桌左上角等候教师检查。我迅速巡视了一遍，发现竟然有几个学生没带。记得上次美术课后我一再强调这节课应带的学具材料，居然还是有学生胆敢不带，我很生气，于是挨个问没有带学具材料的原因……

当问到学生小峥时，他说昨天晚上准备好了，今天早晨忘记带了，并要求回家去取。我想：虽然他家离学校不远，但来回也需要20分钟，他还怎么上课？而且我也担心他着急取东西，路上容易出事。于是我果断地说："不行，因为……"我还没有把话说完，他就变得不安分起来，嘴里嘟嘟囔囔，又摔书又摔本……我立刻感到血往头上涌，刚要发火，我的脑海里突然闪现出这个学生引发的一个个教学事故：他曾经将一位年轻女教师推倒在讲台上，也曾经和我发生过冲突……这个孩子父母离异，跟着母亲和异父生活，缺少父爱，脾气暴躁，而且很犟。学生们都说他一根筋。我如果采取强硬态度，会激怒他，最终弄得不可收拾，师生都可能下不了台，而且我也感觉他太需要父爱了。于是我压下火气，顿了顿，和蔼地说："小峥，我认为你要求回家去取学具是良好的表现，有将功补过的意识，说明你有迫切学习的愿望，你想出色地完成这节课的学习任务，我在这里对你提出表扬。但是你想过没有，你回家再回来需要20分钟，这样就耽误了半节课，那么这节课的学习任务你就完成不了，会耽误你的学习，而且路上车多，你又着急赶路，我也不放心你的安全。这样吧，待会儿课堂实践的时候，我借你一套学具，好不好？"小峥的情绪平静了下来，并且面露喜色，而后有些不好意思地说："谢谢您，老师！下次我一定不会忘带学具了。"果然，在以后的美术课上，他再也没有忘记带学具，虽然画画得不是很好，但可以看出他很努力，而且以后我们再也没有发生过冲突。

如此完美的结果，只源于我这次随机应变的处理，源于我与他平等的对话，源于我对他的尊重和关爱。通过有别于以往的一种对话方式，使他感受到爱，感受到关怀，从而使他冷静，使他自省，使他愧疚，使他感恩。

换一种方式，有可能海阔天空；如果一味坚持，有可能鱼死网破。

通过这件事，我想：在新的素质教育环境下，我们一再强调以学生发展为本，扪心自问，我们是不是真的把学生放到了主体位置？是不是真的放得下教师高高在上的架子？是不是真的能与学生进行平等的交流？只有真正放下威严，放下架子，才能与学生真正对话，进行心与心的沟通。我们面对的是一个个活生生的个体，他们个性不同，脾气秉性不同，我们应了解他们，尊重他们，因材施教，对待不同的学生应采取不同的教学策略。有的时候可以直接批评，有的时候需要间接批评，有的时候可以批评中有表扬，有的时候需要表扬中有批评，有的时候只需要激励与表扬……

首都医科大学附属中学的老师高庆军说："只要学生时时在我们心中，尊重他们，理解他们，关心他们，爱护他们，肯定他们，赏识他们，平等地对待他们，师生间一定会架起一道爱的彩虹，让他们在沟通和交流中成长，在理解与尊重中走向成功，拥有自己的一片天空。"

3. 掌握"理解后的批评"艺术①

面对初中生，教师应掌握"理解后的批评"艺术。既然时代发展需要我们与时俱进，既然"代沟"或多或少地存在，那我们在急于批评孩子之前，何不先来一个"理解"？事实证明，这种做法看起来虽然费时间，但效果好得多。

理解，并不等于同意。首先，理解的态度，使得成人能够站在孩子的立场、角度考虑问题，从而就减少了对立感，增加了亲近感；其次，理解的态度，有助于尽快了解孩子的真实想法、需要，而这是解决问题的基础；再次，掌握孩子的真实想法之后，就可以清楚地知道，孩子的想法是否正确，或者是哪部分正确，或者是本质正确，但表达出来的具体要求不恰当（比如汶川地震之后，有的孩子表示再也不想上学了，询问之后发现，他是因为担心楼房不安全，并不是不想学习）……

在理解之后，成人对孩子再进行必要的批评、劝告，才会收到比较好的效果。

4. 严格而不严厉，善于疏导

初中生的不成熟，主要表现在：心气高，而实际能力低；愿望多，而自控能力差。所以他们是处在最需要严格管理，而从心理上又最抗拒管理的充满矛盾的阶段。初中阶段教育的困难，主要表现在这个方面。解决这个困难的方法，就是"严格而不严厉，善于疏导"。

---

① 参考李蔚霞《少年教育研究》，新疆大学出版社，1993 年出版。

对初中生，成人不应该降低要求，放松管理。其实初中生自己也希望得到严格的管理。因为他们知道，仅仅靠自己，确实管不住自己。

可是为什么成人的管理常常会引起冲突？

一个原因是，成人不明白严格不等于严厉。有的成人，有时候在态度上十分严厉，拳脚相加，而实际管理中却常常让步，不讲原则。好的方法恰恰是反过来：态度上，要尊重孩子，语言、动作都应该表现出这一点；但是在要求上、执行上，要坚持原则。

另一个原因是成人的方法生硬、死板。当然，教育孩子的方向、目的不能变，但是具体方法应该灵活多样。

比如，放学回家后，有的孩子愿意先做完作业再出去玩，因为这样玩得痛快；而有的孩子相反，他愿意先玩，后去做作业，因为在学校一天，脑子已经很疲劳了，回家以后马上做作业，效率比较低。

这时候，成人就不应该死板地坚持一种方式。因为只要孩子能休息好，完成作业的目的能够达到，哪种方式都可以！

5. 让孩子心中有行为界限

苏霍姆林斯基说："在初中时期出现的许多困难，其实质在于相互之间的不理解和不信任：成人不理解初中生的精神世界，而初中生也不理解成人，对他们抱以戒心和成见，认为成人的一举一动都是为了限制他们的自主性。我认为，很重要的一项教育任务，就是要让初中生正确地理解自己的自主性，是与自己对别人的义务完全一致的。没有成年朋友，初中生就不可能懂得这样一个真理，即初中时期的独立性是具有合理的限度的，而没有义务和责任的自由是不可思议的。"

事实证明，闯祸、离家出走、违反纪律等不良行为，多出现在初中生身上。这是由于他们一方面精力充沛，活动能力增强；而另一方面又不成熟，缺乏辨别是非、解决问题的能力。

苏霍姆林斯基曾经说过："使孩子们懂得因为自己是生活在人群之中的，所以自己的行为要有界限，要学会支配和控制自己的欲望。这应当是道德识字课本里的第一页的第一行。"

成人需要培养孩子从小就习惯于遵守基本的行为准则，让他们知道哪些事情是允许做的，哪些是不允许做的，哪些是必须向成人请示的（比如，参加校外组织的活动，推迟回家，尤其是到同学家过夜，必须征求成人的同意）。到了初中阶段，学生的活动范围越来越大，成人就必须及早对其进行法制教育，让他们知道自己在社会上同样也有行为界限，同时也知道同学或是社会上其他人的哪些行为超出了行为界限，如有，一定会受到法律严惩，即使有些人暂时没有受到制裁，那只是因为"时候未到"。

作为高材生的林森浩，之所以成为杀人犯，其中一个重要原因就是缺少行为底线。正如他自己说的："伤害别人身体的这种行为，好像在我这里不是一个底线。"

◇班集体对初中生的成长有特殊意义

初中生对交往有强烈的需求。但是关于初中生三类交往的调查表明：在交往需要和他们的实际交往情况之间，有很大差别。如表7.1所示：

表7.1　学生交往需要和实际交往情况比较

	个人亲密交往	自发群体交往	社会定向交往
交往需要（%）	34	14.5	51.5
实际交往（%）	31	56	13

初中生对于"个人亲密交往"方面，基本满足（有34%的学生需要，已经有31%的学生得到满足）；而"自发群体交往"实际超出需要（有

14.5%的学生需要，已经有56%的学生得到满足）。特别值得注意的是"社会定向交往"，远远不能满足初中生的需要（有51.5%的学生需要，只有13%的学生得到满足）。这个远远不能满足初中生需要的"社会定向交往"，怎么解决呢？

其实满足"社会定向交往"的需要，对初中生来说，班集体就是最好的形式。

1. 班集体影响初中生一生

无论是小学、初中、高中，还是大学，班集体都会对人的一生产生重要影响。但对于初中生来说，班集体产生的影响更是非同一般。有以下几个原因：

一是初中时期是人成长中的关键阶段。这个阶段思维出现重大的转折，从具体形象思维变为经验型的抽象思维；自我意识出现质的飞跃，开始探索人生价值，是人生中的最佳塑造期。

二是在这个关键阶段，由于初中生独特的心理特点（相信同龄人超过成年人），造成同龄人的影响超过成年人的影响。而同龄人当中，自发的同龄人群体难以把握，只有班集体属于"社会定向交往"，才能对初中生产生积极、健康的影响。

班集体对初中生的成长、发展之所以能产生非常重要的影响，原因有以下几点：

首先，优秀的班集体能营造良好的氛围，鼓励大家制定一个接一个的班级和个人目标，引导大家前进。

苏霍姆林斯基指出："少年期的重要意义在于，他不仅在发现人（这也是童年期的特点），还在探索人。在一个好的集体中，集体的活动总是受到高尚的道德的、社会的目标的鼓舞。在这样的集体中，人就像照镜子一样地看到自己，觉察到自己的优点和缺点。一个人没有在集体中受到高尚的劳动的鼓舞，他就不可能坚定地形成要做的更好、要自我完善的愿望。"[1]

其次，班集体会制定严格的纪律，能够有效地规范集体成员的行为。

初中生十分重视集体的荣誉，为了集体的荣誉，他们能够克制自己的不良行为，遵守纪律。一个懒惰的初中生，为了增加小组的积累分，居然可以改正自己因睡懒觉而经常迟到的坏习惯。

当然，集体中并不是没有矛盾。但是，有了集体的目标，就能够解决好矛盾。一个有自主性的教师，如果遇到一个"不合作"的学生，仍应耐心地帮助他，善意地批评他。正是因为自主不能简单地理解为自己做主，为所欲为，所以一个缺乏团结一切可以团结精神的人，不能算是具备自主性的人。正像心理学家伊·谢·科恩所说："自主的人能够认识并且善于确定自己的目标，不仅能够成功地控制外部环境，而且能够控制自己的冲动。"如果两个同学打架，说明他们没有合作，尤其是没有自主，因为他们没有为目标而控制外部环境和内心的冲动。

再次，班集体形成的班风，能够潜移默化地影响初中生。

奥里珊妮科娃说："集体生活如何，这一点对初中生情感发展是否正常也很重要。在班集体中，大家严肃地对待学习，对各种事情的兴趣把大家紧密团结在一起，任性、固执、哗众取宠的情形是少见的。假若班集体中没有良好心理气氛，初中生就常常以令人奇怪的，甚至难以容忍的方式加以自我肯定。不久前的优秀生突然不用功了，那正是因为，学习好被看作是妈妈的宠儿，是书呆子，钻下水道才是英雄好汉。谁学习好，大家就疏远他。他们根本不把教师和家长的批评与不高兴看在眼里，只要不受到同伴的奚落就满足了。"

同样是初二年级，其中一个班，学生个个阳光，男女同学互相尊重，用他们的话说："我们之间的关系，特别正常，没有'那些事'"；另一个

---

[1] 苏霍姆林斯基：《育人三部曲》，人民教育出版社，1998年出版，第526页。

平行班，学生私下经常散布"某某某和某某某是一对"，男女同学之间，连学习上的问题都不敢讨论，一个个搞得提心吊胆，生怕别人议论自己，班级人心涣散。

最后，下功夫培养班集体核心队伍。建设优秀的班集体，必须有一个优秀的班集体核心。这个核心的成员，行为表现是大家的榜样，认识水平比较高，和同学关系也比较好。他们事实上是学生的精神领袖，他们通过建设班集体，对同伴产生影响。

2. 真正的集体特别注重发展每个成员的个性

真正的集体，也就是合作的集体，是和自主性紧密相连的。具有自主性的人自觉地联合在一起，才组成了真正的集体。合作是为了更好地发展每个成员的个性，合作的需要促使每一个人努力完善自己。

真正的集体特别注重发展每个成员的个性，而不是借集体之名抹杀个性。集体需要个体的发展，个体需要集体的发展。正像苏霍姆林斯基所说："集体的精神世界和个人的精神世界是靠相互影响而形成的。个人可以从集体中获得许多有益的东西。但是，集体中的每个成员如果没有丰富多彩的精神世界，集体也就不复存在。"

真正的集体是通过民主达到统一的，而不是简单地以集体的名义，通过非民主的手段达到行动一致。合作非但不扼杀自主，而且只有自主才能实现真正的合作。

3. 让初中生在班集体的实践活动中成长

班集体生活的内容很重要。苏霍姆林斯基指出："在学校教育实践中，为什么往往会出现下面这种情况：一个班级在童年时代是一个好集体，而到了初中时期集体确确实实地瓦解了？这是因为，在童年期孩子在每个同龄人身上发现所有能够发现的东西，初中生现在找不到任何新的东西，看不到他的心灵急切地、好奇地寻找的东西。找不到新东西的原因是集体的生活没有被内容丰富的、有思想性的活动充实。"①

初中阶段的班集体，需要在丰富多彩的实践活动中发展。精力充沛的初中生，特别希望参与各种有创造性的活动。有经验的老师说："不能让初中生闲着，闲着就生事。"这句话话糙理不糙。当然，我们的目的，不是消极地怕学生出事而担责任，而是探索初中生成长的最佳途径。经验证明，通过班集体的条件活动，引导初中生在实践活动的体验中，加深对世界的认识，加深对自己内心世界的认识，是一个重要的途径。

一个初中时期的传统活动：14岁生日

"当、当……"，当钟声敲过14下之后，满脸笑容的少男少女们走进教室。今天是他们的集体生日，他们的父母和亲朋好友都专程来参加这次生日会。

黑板上写着"告别初中生、迎来青春"9个耀眼的大字，点明了这次活动的主题。

教室中间的大蛋糕上，14根大蜡烛已经点燃，录音机已经播出了欢快的乐曲，彩带、气球、灯笼早已挂满了天花板和四面墙。它们在述说着初中生的心情，象征着初中生美好的未来和理想。

活动在"祝你生日快乐"声中开始。这么多的亲人、朋友来为他们送祝福，他们的心灵受到震动，一种人生的使命感，在他们的内心深处开始孕育。

老师的祝愿，用诗；朋友的庆贺，用画。而最感人的是学生和父母交换的信件和礼物，这是几个月前就开始精心准备的。

当父母读到孩子写的信时，眼睛湿润了。过去那么不懂事的孩子，今

---

① 苏霍姆林斯基：《育人三部曲》，人民教育出版社，1998年出版，第527页。

天好像突然长大了。

当孩子看到父母的来信时，激动地掉下眼泪，心想："过去对自己从未有过好脸的父母，原来是这样爱自己啊！"再看父母送的礼物，孩子们开始了思考：一本英汉词典，是鼓励我走向世界；一个发旧的团徽，是启发我树立理想；而一颗嵌着父母相片的红心，是父母对我无限深厚的爱。

接着是节目表演，有同学们自编自演的节目，描述自己迎接青春的心情。有父母和孩子同台的演出，表达了两代人共同的希望和理想。

最后是欢乐的游戏、比赛，欢乐的氛围令大家久久不愿离去。

14岁生日过去之后，同学们的身心迅速地发生着变化：稚嫩的身体，逐渐变得结实；肤浅的思考，开始变得深沉；短视的目标，不断地向远处延伸。

父母、老师和朋友都为他们感到高兴。啊！他们快长大了。

这个活动的理论基础和评价：

14岁生日活动，实际效果比较好，深受同学和家长欢迎。

首先，这种活动生动活泼，符合初中生心理需要。当初中生出现成人感的时候，如何引导他们是一个极其重要的问题。具有庄严仪式的这种活动，有利于启发他们思考人生。

其次，14岁生日活动是一种进行理想教育的好形式。在"告别初中生、迎来青春"活动中，两代人心灵深处的沟通，同龄人之间的相互影响和激励，会使孩子十分自然地认真思考自己的未来。

再次，活动还能让学生进一步理解交往的重要性，并学习到如何与人交往的能力。

这种活动，大家必须作好充分的准备，不然，很容易徒有热闹的形式，起不到震动心灵的作用。

这个活动的操作流程如下：

在初二年级，大部分同学进入14岁的时候，教师需要及时安排一个集体生日会，引导同学迎接青春。

一般来说，学生一进入初二时，教师就要向他们公布这个计划。安排同学学习伟大人物初中时代的事迹和思想。然后，启发他们给父母写一封信；同时也给家长讲清这次活动的重要意义，指导家长准备好礼物和亲笔信。作好充分的思想准备、物质准备，才能使14岁生日活动达到瓜熟蒂落的理想程度。

在过集体生日时，一般邀请家长、同学、老师等亲近的人来参加，保证这个活动的庄严性、隆重性。通过赠生日礼物、交换信件、演出节目等内容，激励同学迈好青春第一步。

活动结束后，教师要把有关资料收集起来，整理分析，作为进一步教育学生的教材。

◇怎样引导初中生提高交友的质量?

在一项对近2000名中学生的调查中，我发现，有77%的同学认为交知心朋友难。由于每个初中生所追求的目标不同，事实上总是形成不同的友谊类型。如，有的是互相帮助以培养自己优秀的品质，他们在如何做人、树立理想、刻苦学习等方面有着共同的志趣。这是一种最有价值的友谊类型。但也有的是盲目追求时尚和高消费的生活，甚至是低级趣味。这是一种不良的友谊类型。

由于初中生尚不成熟，特别容易受同龄人的影响，因而交友对他们有着特殊的意义。指导初中生慎重交友是成年人的一项重要任务。可以说，交了一个好朋友，踏上一条光明路；交了一个坏朋友，钻进一个黑胡同。

不过，帮助初中生努力提高交友的质量，更是成年人应该做的。具体建议如下：

第一，提倡孩子交友，尊重孩子的选择。

有些成人只看到社会复杂的一面，就采取消极的态度，简单地限制孩子交友。其实，预防危险，关键在于孩子拥有真正的预防能力。而这种能力，应该是在交友过程中锻炼、培养出来的。

成人普遍希望孩子能够找到一个优秀生做朋友，这种愿望可以理解，但是很不实际。因为：一是所谓优秀生，一个班不可能有很多，都要与他们成为好友，肯定不现实；二是初中时期的优秀生，很难没有缺点，这往往又不合乎成人的标准；三是交友是双方选择的结果，不能勉强，如果自己的孩子不是很优秀，按照成人的逻辑，对方也不愿与之做朋友。

所以，建议成人要尊重孩子自己的选择。成人应该把精力放在指导孩子提升自己、提高交友质量上，而不是"拆台"。

第二，除了日常交往以外，还应该提倡初中生逐步参与"非日常交往"。

成人应该不满足于孩子仅仅有日常交往，还应该积极主动地引导孩子参与非日常交往。如和边远地区或国外的孩子交朋友，拜访科学家、艺术家、英雄模范，这可以使初中生接触一个更为广阔精彩的世界。

奥巴马的父亲对奥巴马的一个重要教导是：勇于和强者为伍。这点对于奥巴马的成长很可能起了重要作用，因为这样做能够使他看到更高、更远的世界，并能够激起他对自我的挑战。

第三，指导孩子在交友中提升自己，提高友谊质量。

初中生一般都非常重视友谊，所以成人可以一方面经常引导他们学习好榜样，另一方面及时帮助他们分析交友过程中出现的纠纷、误解和苦恼。

"引导少年去体验人与人之间微妙的相互关系，这是非常重要的。我设法使每一个初中生都能亲自遇到一个要求帮助、需要同情的人。这种情况下产生的纯粹个人的内心活动是任何集体性的措施都代替不了的。"[①]

◇怎样帮助初中生解决交往难题?

为了帮助孩子提高交友质量，成人还需要帮助他们处理好交友过程中出现的具体问题。

我们来探讨初中生现在十分关心的有关交往的几个具体问题，下面提到的思路和方法，是许多优秀教师多年积累的经验，可供大家参考。

1. 没有朋友怎么办?

友谊对孩子来说非常重要。可以说，孩子小时候如果没有朋友，成长中就很难理解友谊的可贵，长大了就不懂得爱情，工作后就不善于合作，因此人生就很难成功。

有的孩子没有朋友，是因为胆小或自卑，他在和别人接触之前，想的是他自己不行，担心别人是否看得起他，总在想：万一他不理我，那我多丢面子……

对于这样的孩子，成人就要从小培养他的自信心，让其理解"天生我材必有用"的道理。人和人本来都是一样的，后来的发展，就要看自己的决心和努力了，千万不要有"我天生就不是这块料"的想法。同时成人还要善于帮助孩子找到自己独特的长处，让他尝试着去做，先获得一些小的成功，树立起初步的信心。

教师尤其要启发学生，勇敢地迈出主动交往的第一步，只要把可能出现的各种情况，大致都估计到了，并有了应对的方法，就不要在做之前，过多地想如果失败了怎么办。不然，顾虑重重必将导致失败。要鼓励学生，既然要做21世纪的雄鹰，就要及早练习飞翔。

---

① 苏霍姆林斯基：《育人三部曲》，人民教育出版社，1998年出版，第354页。

有的原来是好朋友，后来友谊破裂了。是什么原因导致的呢？

一种是缺乏忠诚。友谊的本质特点是相互信任和无私付出。罗曼·罗兰说过："朋友看朋友是透明的，他们彼此交换着生命；而怯懦的人，会把朋友送给刽子手。"两个自私的人之间没有友谊，只有相互利用，一旦没有利用价值，关系也就终止了。只有真正关心别人、帮助别人的人，朋友才会越来越多。

另一种是自己过于骄傲。过高估计自己的人，不能尊重别人和平等地对待别人，最终会使朋友离去。因为真正的友谊是两个有自尊心、有独立人格的人的交往，是两颗心的交融。主仆关系，赏赐关系，都不能得到真正的友谊。这些关系只能是和有求于你的人，维持一种阿谀奉承的虚假关系。

成人可以学一学托尔斯泰纠正孩子骄傲自满的巧妙方法。

托尔斯泰的女儿T·S·托尔斯塔娅在《遥远的回忆》中写道：

年轻时，我跟许多和我年龄相仿的人一样，自视过高，目中无人，待人严，对己宽。父亲见此，很不高兴。他决心以自己素有的委婉的方式纠正我的这个毛病。每次当我对人的品评过于轻率和浮浅时，父亲一般总要反问我一句。

我说："这个人真蠢"。

父亲若无其事地说："比你还蠢吗？"

托尔斯泰虽然没有直接批评女儿骄傲自满、看不起别人的坏毛病，但是巧妙地让孩子先想一想"自己的蠢"，这样她就更容易发现"自视过高"是多么可笑。

还有一种是心胸狭窄、爱计较的人，也容易失去朋友。因为你总是让朋友被无休止的鸡毛蒜皮的事纠缠着，他在无法忍受的时候，就只好逃走。要想改变这种状况，必须提高自身的素质。提高素质之后，你才能从自己结的

"茧"中钻出来,才可能发现自己原来的天地是多么狭小,自己原来是多么可笑。

2. 和朋友发生了误会怎么办?

如果和别人发生了误会,那是很痛苦的,教师千万不要把这当作小事,简单处理。教师既不要盲目地同情自己的学生,去指责对方,也不要武断地说"一个巴掌拍不响",强制要求自己的学生去反省。而是首先要尽可能地多了解情况,然后引导学生尽快消除误会。

具体的方法如下:

一是让学生反思自己有没有多疑的毛病。处在初中阶段的学生,十分敏感,极容易多疑。教师可以给学生讲讲《人有亡斧者》这个寓言(一个人丢了斧头,这时看见别人的一举一动,都像偷斧头的人;后来,斧头找到了,再看别人,一举一动,都不像偷斧头的人了)。让学生反思自己是不是一个"亡斧者"?

二是要鼓励学生主动说出真心话,以真诚去消除误解。如果自尊心太强,自己拿着架子,不主动去和解,把想法深藏在心里,就有可能加深误解。

三是要学会设身处地为对方着想。如果一味地站在自己的角度看问题,会加深误解。比如,两个人约定在胡同口集合,一起去上学。其中一方,因家中有重要事情来晚了,这时迟到者就应"换位思考",理解等人者的焦急心情,而等人者也要站在迟到者的角度,理解他左右为难的实际情况,这样就不容易发生误会了。

四是要学会谅解别人。如果事实证明是一方有误造成了误会,那么既然已经真相大白,双方就更要互相谅解,共同吸取教训,进一步加深友谊。

3. 别人不理解自己怎么办?[1]

现在的学生最苦闷的就是认为别人不理解自己。教师不理解他,家长

---

① 参考了王佩琳的《与中学生谈谈心理健康》,科学技术文献出版社,1989年出版。

不理解他，连同学也不理解他，甚至说"全世界都不理解我"。遇到这种情况，教师不要急躁，首先要仔细想一想，自己是否有不理解学生的地方，然后可以诚恳地请学生敞开心扉说出来，必要时加以充分解释。除此之外，教师还要从以下几个方面启发学生：

一是每一个人的心理都在不断发展，你新产生的心理变化，别人不理解，这很正常。这时你不要难过，也要理解别人的难处，要耐心等待别人慢慢理解。也就是"先理解别人，再争取别人的理解"。

二是要主动创造条件，让别人理解自己。自己有了新的想法，特别是变化很大的心理活动时，要主动向别人诉说。如果是比较复杂的事情，还要注意有层次、有步骤地按照别人的理解习惯来表述自己的想法，这样比较容易得到别人的理解。

三是要承认自己的想法也有不成熟，甚至不恰当的地方，这时别人不理解也是正常现象。比如，班级千辛万苦地组织了一次野营，刚到目的地，一个同学就为了一点小事喊着要回家，这种不近情理的表现，别人往往不理解。这时他自己就应首先反思自己不对的地方，要对自己幼稚的行为感到内疚，而不是去埋怨别人对自己的不理解。

四是要明白"理解"并不等于"支持"。比如，有个同学考试作弊，受到了别人的批评，他就委屈地说："你们不理解我。"但同学们说得好："我们理解你，你是因为偶尔没复习好，又怕考不好会挨家长的打，一时糊涂才作弊的，你当然不是坏学生。但是我们不能支持你作弊，因为这种不诚实的行为，如果不坚决制止，会害你一辈子！"

4. 与那些合不来的人怎样相处？

学生将来早晚要走向社会，要和各种各样的人打交道，尤其要和合不来的人相处、合作。对于这个问题，教师、家长不要笼统地说要讲团结，而要给予具体的指导。

建议学生，首先要找出这个同学不好相处的原因，然后用一把钥匙开一把锁。对于孤僻的同学，要慢慢了解他是由于天生的气质特点的影响，还是受过挫折。了解原因之后，要主动地接近他，找他谈心，选择他喜欢的话题，交谈时一定要有耐心，避免简单粗暴。还可以邀请他参加一些集体活动。在与他一起参与集体的工作和活动时，你的态度始终要诚恳、热情。

其次要采取求大同、存小异的态度。不能要求与全班同学，没有区别地一样亲密。有的接触多一些，有的相对少一些。对于合不来的同学，要争取有不同程度的合作。孔子说："君子和而不同。"合作的时候，并不是要求所有的人做得完全一样，而是和谐中有不同。

再次在任何情况下都要以尊重的态度，对待合不来的同学。这样的同学一般都有些与众不同的行为习惯，只要这些行为习惯不违反纪律，也不影响别人，我们就应尊重。不能用起外号、恶作剧的方式来取笑他们。

哲学家、诗人泰戈尔有一句极富哲理的话："刀鞘保护刀的锋利，它自己则满足于它的迟钝。"它和儒学"外圆内方"的做人观点有些类似，用在与人相处上也具有启示性。即每个人应该具有锐利的思想和鲜明的观点，就像一把锋利的刀，但是这把刀，并不是对付朋友（包括那些合不来的人）的，因此，还应该有一个刀鞘，这个刀鞘一方面保护刀，不被外力砍损或腐蚀；另一方面也防止误伤了自己的朋友，所以刀鞘"满足于它的迟钝"。

5. 有人散布我的流言蜚语怎么办？

流言蜚语世世代代从未绝迹，因为总有人热衷于搞低级趣味。所以不要幻想流言蜚语会自动消失，而应立足于自己的正确处理。祖先的经验概括为一句话——谣言止于智者。

所以对抗流言蜚语的方法，就是教师帮助学生成为"智者"。智者都善于使用以下三个对策：

一是对流言蜚语采取不理睬、若无其事的态度。因为你如果气急败坏，大哭大闹"报仇"，大喊大叫"冤枉"，这正中了他们的"奸计"。因此为了不让谣言制造者达到看"耍猴"的目的，我们反而要采取从容不迫、不理睬、若无其事的态度。

二是在必要时作些解释，如果问题严重，也要进行必要的斗争。因为散布流言蜚语是缺乏修养的行为，有这种毛病的人，应该帮他改一改。但是一定要与人为善，讲究方法。尤其要区别开有恶意动机的人和头脑简单、乱开玩笑的人。

三是要把精力主要放在建设班集体上，因为班级风气正了，大家就有能力识破谣言，杜绝谣言。例如在班上，有个别人总是捕风捉影，故意制造流言蜚语，搞得人人自危，造成班级人心涣散。其实，只要班级风气正，大家就能立刻识破谣言，杜绝谣言，批评教育造谣者，而不是被造谣者牵着鼻子走。

6. 别人看不起自己怎么办？

每个人都有自尊心，都希望别人喜欢自己，甚至佩服自己；不喜欢别人看不起自己。不过，愿望归愿望，现实归现实，社会如此复杂，观点多元化，每个人都可能会遭遇被别人看不起，关键是我们自己怎样正确对待它。

一是要心胸开阔，不要把一些小事情（例如，送给我的贺卡比送给别人的小）当作别人看不起自己的证据。"宰相肚里可撑船"的肚量，需要从小事练起。

二是要自信、自强。教师要善于鼓励学生，不管别人怎样看，自己要看得起自己，要客观、全面、发展地看自己。不客观，比如：有的女孩子主观地认为自己胖，盲目减肥，减得瘦骨嶙峋，还觉得在别人面前抬不起头来。不全面，比如：只看到自己数学不好，忽略了自己语文很好。冯巩曾经说自己要"和潘长江比个头，和葛优比头发，和美国总统比说中国话"，就是巧妙地提醒我们，每个人都有优点，也有缺点，人无完人。不要怕自己有缺点，关键要善于扬长补短，善于把自己的各种素质进行最优化的组合。最后是看不到发展：万物都在发展，丑小鸭变成白天鹅不仅仅是一个童话，在自信、自强的人那里，梦想已经无数次地变为现实。

其实，有问题的人是那些看不起别人的人。因为他这种态度，正好说明他不仅不能客观、全面、发展地看别人，也不能客观、全面、发展地看自己。所以，如果我们因为别人的错误，而背上思想包袱，这不可笑吗？

三是要善于把压力变成动力。许多有成就的人，起初被人看不起，但是他们并不自暴自弃，而是善于把压力变成动力。这样的例子，古今中外不胜枚举。

还有一种情况也值得我们注意，那就是一种新生事物刚刚诞生的时候，往往被人看不起。正像马克思分析的："只要冲破墨守成规的思想罗网，那么遇到的第一件事一定是'抵制'——这是墨守成规的人碰到困惑不解的事物时所用的唯一自卫武器。"

英国最杰出的讽刺作家斯威夫特还幽默地说："一个真正的天才出现于世界，可以根据下列现象来判断，即所有的笨蛋勾结起来反对他。"

如果别人因为观念落后而看不起你，那你就更应该坚定地把正确的事情做下去。

7. 看不透别人怎么办？

学生现在都期待自己早日成熟，希望在复杂的社会中，有一些识别人的能力。当然，这种能力肯定要在长期的实践中，才能逐渐获得，急不得。不过，教师可以把一些基本方法和思路介绍给他们，为他们引路。

在看不透别人的时候，你可以采取以下五种方法：

一是先把他当作好人对待，然后在交往中逐渐观察了解。对于看不透的人，在不了解的情况下就把他当作坏人，很容易冤枉人，而且在这种关系下无法进一步了解。即使通过接触发现他是坏人，再采取相应的措施也不晚。而先把他当作好人对待，因为受到尊重，他就会更加主动地向你袒露心扉，你慢慢就能看透他。其实生活中大多数人都属于有缺点的好人。

二是"不知其人，视其友"。这句话出自司马迁《史记·张释之冯唐列传》。因为"人以类聚，物以群分"嘛。对一个人看不透没关系，可以看看他所交的朋友，朋友之间往往不加掩饰，你了解了他的朋友，就有助于你看透他本人。不过，即使这样，也要防止自己过于主观，误解了别人。因为有时你看到的可能是一时的表面现象。

三是询问是非法。选择一件两人共同经历过、都比较熟悉的事情，听听他对这件事情的看法和对其中人物的评价，就能够知道他对是非、美丑评定的标准，也能在一定程度上了解这个人。

四是刨根问底法。遇到事情，对于你想了解的人，多向他问几个"为什么"。只有刨根问底，才能知道他在想什么，才能判断出他现在对你是出于应付，还是真诚相待。

五是求救、求计法。在自己遇到困难的时候，向他求救、求计。烈火炼真金，患难见真情。这个时候最能看出他对你是真心的，还是口头说说漂亮话。这个关键时刻，通过他的救助和献计，你不仅能够了解到他的态度，还能够了解到他处理突发问题的能力如何。

第八章

关注初中生进入人生价值探索期

一个人的发展，处在最顶层的是价值观问题，聚焦在对人生价值的思考上。苏霍姆林斯基说："当好少年的导师，首先就是要让他们好奇的目光转向人类思想、情感与理想的世界。这就是说，要在少年的意识中确立崇高的生活目标和人民的理想永生不灭的思想。"[①]

"对世界观问题产生兴趣，渴望通过自己的脑力上的努力评价某些事件，希望对某个问题有自己的判断和见解——这是少年时期的典型特征，这对形成人的个性又增加了新的内容。由此得出一条教育学上的重要结论：培养少年的智力积极性和情感积极性，只有以世界观问题为背景，才能取得最好的效果。"[②]

作为一名合格的初中教师，在陪伴学生度过初中阶段时，一定要把世界观教育和引导学生进行人生价值的探索，放在中心位置，千万不能被应试教育牵着鼻子走。

◇怎么看待社会转型对初中生的影响?

一个人的成长过程中，少年期，也就是大致在初中阶段，对人生产生

---

① 苏霍姆林斯基：《育人三部曲》，人民教育出版社，1998 年出版，第 377 页。
② 苏霍姆林斯基：《学生的精神世界》，教育科学出版社，1981 年出版，第 108 页。

的影响最大。现在的初中生，他们的成长，正处在剧烈震荡的社会转型时期。观点多元，又不稳定，是转型时期最突出的特点，对初中生产生的影响不可低估。

改革开放以来，在多元文化背景下，初中生的思想也必然受到多方面的影响，既有正面影响，也有负面影响。

我教的初中一年级学生中，有的说："我的理想是当一名优秀的医生，为人民服务，救死扶伤。"有的说："我一直坚信，是金子总会发光，我也许就是被埋在土里的金子，总有一天会破土而出。"但也有的说："想找份既容易又赚钱多的工作。"这个想法明显的特点是，重功利，讲实惠，对物质越来越看重，趋乐避苦的心态尤为突出。

在他们崇拜的人当中，明星占比较大的比例。如孙俪、唐嫣、郑恺、易烊千玺；只有少数同学崇拜爱因斯坦、卡耐基、李清照、陶渊明等。

有项调查表明：有38.6%的学生在学习之余考虑最多的是"如何获取更多的金钱"；有19.4%的学生认为判断人生价值的标准是"社会地位的高低"；有13.6%的学生则把"金钱的多少"作为人生价值的尺度；有31.2%的学生认为"有钱"是人生最大的幸福。可以说，在相当一部分学生的心目中，金钱同人的尊严同等重要。

在一次主题为"谈谈自己的人生价值"的班会中，每个学生体现出的人生价值观都有所不同。有一个学生这样说："人生最大的价值体现就是金钱，有了钱人才活得有价值，人人都会尊敬你。如果没有钱就会被别人瞧不起，让人踩在脚底，连做人最基本的自尊都没有。所以说，将来我要赚钱，而且赚很多的钱。"短短几句话不得不让我们反思，持金钱至上观念的学生问题不小，实在是让人忧虑。

但是，事情还有另外一面：对于初中生来说，他们对人生的态度，只能说是一种对社会思潮的直接、简单的反映，并没有内化为他们自己稳定的观点。他们的观点各不相同、多种多样，有的甚至很不像话，其实并不是清晰的、有体系的认识。因为初中生还处在不成熟阶段，看似严重的问题，并不代表他们的本质。他们的本质是好奇、探索、不断发展。这正表明我们初中教师的任务艰巨而又有价值。

1. 不能忽视历史原因和当代社会原因

这一代少年出现这种情况，并不奇怪，有它特殊的历史原因。

一是他们的祖辈，也就是50后，成长在"文革"时期，没有受到过好的教育；而他们的父辈是在改革开放时期成长起来的，刚刚出现的多元文化，使得他们思想比较活跃，但多数人终究没有条件形成牢固的、正确的价值观。

当我们在学校和老师们研究初中生理想教育的时候，一些老师（年龄相当于孩子们的父辈）就悄悄地对我说："说实在的，不要说学生，就是我们当老师的，也不知道究竟什么是正确的价值观……"

可以设想，在祖辈搞不清楚人生价值，父辈的人生价值观比较混乱的情况下，一个初中生怎么可能产生坚定的、清晰的、正确的人生价值观呢？

二是受当代社会大环境的影响。社会正处在全球一体化的时代，多元文化的影响深入到各个角落。初中生能学习到世界上先进的民主、创新理念，但是不可否认的是，他们也受到了西方错误思潮的影响，体现在以个人为中心的人生观，甚至在帮助别人的时候，也是为了自己获得更大的利益。

最近，老师们反映：现在的孩子心中没有什么敬畏的，自私，讲实惠。但是，正是在成长中，"少年对社会生活的任何一种现象都有个人的见解和信念；他不能也不想做一个旁观者。这经常导致他做出冒失的、轻率的举动，因为少年在还没有检查和斟酌自己的意见、观点是否正确的情况下，就立刻想方设法维护自己的意见和观点"①。

作为初中生的大朋友，我们既要看到他们存在的问题，又要理解他们的可塑性，耐心地引导他们。

2. 关注年龄特点

初中生有许多奇思怪想，往往让教师感到不可思议。其实这和他们的年龄特点关系密切。

苏霍姆林斯基下面这段话，有助于教师分析初中生看似思想混乱的状况。

"少年期的这种矛盾，在很大程度上是由于在这一时期思维方法的改变。因为儿童的具体的形象思维正在让位于抽象思维。少年开始用概念来进行思维，而这仿佛在他面前展现了一个新的、陌生的世界。他力图用逻辑思维的方法认识生活现象，但是又很难把千变万化、错综复杂的世界纳入形式逻辑之中。因而产生了一些少年所特有的错误、仓促的结论与概括。可是由于少年关注的对象，不仅仅是他的身外之物，同时还包括他自己，他对他自己也作出了片面的、仓促的结论，时而夸大自己的优点，时而又夸大自己的缺点。由此而产生那种一方面对自己的力量充满信心，另一方面又不满意自己的两种心情，奇怪地交织在一起的现象。"②

因此，面对这种看似混乱的情况，我认为并不需要过于悲观。因为一个正在成长的初中生的思想并没有定型，可塑性是很强的，只要坚持正确的引导，他们对人生的思考就会越来越趋向于正确。尤其是当代学生的批判意识很强，并不会盲目地跟随成人世界的错误引导。

初中生在对外部和内部世界仔细地进行抽象、概括和观察的同时，还

---

① 苏霍姆林斯基：《育人三部曲》，人民教育出版社，1998年出版，第120页。
② 同上，第375页。

对人的精神世界中各种复杂理念——幸福、理想、价值进行探索。最终下定决心，要为自己认可的一个崇高理想而斗争。这就是初中生认识过程中的一个新的质变阶段的结果。

"少年不同于儿童，他已经开始对善良和丑恶都进行概括；通过一些事件他看到一种现象；而这种现象在他心目中会产生什么样的思想和情绪，都取决于他的信念、对世界的看法和对人的看法。诚然，少年时期区别于童年时期的还在于，这个年龄段的人对事物的观察、感觉和体验与童年时期所观察、感觉和体验到的已经不同了。"[①]

初中生和小学生不同，他们的内心世界充满了许多矛盾，苏霍姆林斯基指出："这些矛盾并不是不可避免的，然而要绕过它们或者完全把它们推开是不可能的。高水平的教育工作可以缓解和减轻这些矛盾，而笨拙低能的教育工作则会使这些矛盾更加深化、激化并导致冲突。"苏霍姆林斯基还认为，少年"这些矛盾的共同特征是，对自我肯定的渴望和追求与实现这种愿望的能力之间，存在着不适应性"。[②]

抓住这个特征，教师应做好两个方面的工作：一是帮助学生不断提升和调整自己的奋斗目标；二是激励学生积极培养自己的认识和实践能力。

◇重视学生品德与思想意识的衔接

1. 品德与思想意识的衔接

一般来说，儿童时期形成了什么样的品质，到了初中就容易接受什么样的价值观。那些从小就乐于助人的孩子，容易接受集体主义的价值观；相反，那些从小就自私的孩子，则容易接受个人主义的价值观，尽管他们

---

① 苏霍姆林斯基：《育人三部曲》，人民教育出版社，1998 年出版，第 318 页。
② 同上，第 378 页。

口头上、写作文时不一定这样表述。

初中生的抽象思维占据越来越大的比重，这是这个阶段非常重要的一个转折与衔接。研究表明，13岁可能是孩子初步建立价值观最重要的一年。调查表明：12岁孩子只有18%能够说出概括性的理想，而到了13岁猛增到71%。

儿童时代的品德，基本上只是一种情感性的道德认识和行为，还没有成为思想意识。到了初中，他们就会逐渐形成比较深刻、稳固的意识，道德就成为一种自己认可的自觉行为，即所谓的"良心"。这里需要有一个逐步过渡的过程，"他们的价值观的情感方面常常超过理智方面"，例如为了"友谊"，绝不告发同学的作弊行为。

根据首都师范大学少年司法研究与服务中心发布的调研报告，有两个重要的数据表明一些不良行为都是发生在初中阶段：一是青少年首次产生不良行为的平均年龄是12.25岁；二是这些不良青少年离开学校的平均年龄是15岁。

这两个年龄点是少年最需要得到帮助的关键点。12.25岁，相当于初中一二年级，应该是拯救不良少年的关键时期。到了初中，学习的难度明显增加，小学基础不好，或者学习习惯不好的学生，很容易遭遇失败。而这时家长、老师如果仅仅是严格管教，肯定会引起自我意识已经觉醒的少年的强烈反抗，他们会扰乱课堂秩序，甚至逃学，出现许多不良行为。建议这时候家长和老师应该从两方面做工作：一方面始终坚持引导他们积极向上，不怕困难，追求美好的未来；另一方面，更要具体地解决他们学习上的问题，使其不断获得学习上的小成功，逐步树立起信心。

15岁，相当于初三，这时候学生过早地离开学校，不但将来很难找到好的工作，而且懵懵懂懂地走向社会，很容易走上邪路。这时候家长和老师应该理解他们的实际困难，不强求他们必须上高中、考大学，而是多和他们沟通，重新设计他们的人生规划和职业生涯。帮他们选择有可能继续学习的中专、职业学校，让他们重新树立信心，积极地面对人生。

苏霍姆林斯基也发现："一个学生在儿童时期是个好学生，而在少年时期却受了不良影响变成了坏孩子呢？这是怎么搞的，是不良影响吗？它又是从何而来的呢？教育工作最基本、最主要的不是保护少年不受坏的影响，而是让他们对任何坏的、不道德的事物都具有抵抗力。"①

怎样"让他们对任何坏的、不道德的事物都具有抵抗力"？关键是抓住他们从品德走向思想意识的观念转变。苏霍姆林斯基说："……到了少年期，在他的面前就展开一个观念的世界。……深切地关心其他人的命运，这就是少年期的本质。"②

这时候，教师的作用不可低估。"少年怎样看待世界，什么东西使他激动、惊奇、关切、感动，引起他的同情和鄙视、爱和恨，所有这一切都完完全全地取决于教育者。"③

2. 世界观的培养

学生世界观的培养，必须通过实践来进行，不能以为上课、读书就能够解决问题。"自然界（学校实验园地、温室、畜牧场）中的劳动，是一个人的自我表现的重要源泉，没有它也就谈不上什么世界观的培养。这首先是思想上的和社会生活中的自我表现，一个人是在为其他人的劳动中认识自己的创造力量的。如果一个人在少年时代没有经历过从具体的事实过渡到重大的具有世界观意义的真理，他就不可能有正确的科学唯物主义信念，他就会轻易地改变自己的观点。"④

---

① 苏霍姆林斯基：《育人三部曲》，人民教育出版社，1998 年出版，第 320 页。
② 同上，第 484 页。
③ 同上，第 485 页。
④ 同上，第 438 页。

现在值得警惕的事情是：当代的少年，经历的是什么具体事务呢？如果长年累月陷入考试分数的漩涡中，将会过渡到什么样的"重大的具有世界观意义的真理"？

下面的案例，说明当代学生世界观的培养需要注意新的特点。

案例1：我县某中学八年级学生刘某，平时各科作业"完成"得非常好，但在期中考试时，各科成绩均排在全班倒数第一，班主任调查时才发现，刘某平时的作业，均是花钱"请"同学替他完成的。

感悟：市场经济对中学生的人生价值取向产生了一些消极方面的影响。

案例2：我县某中学八年级学生王某，父母均为个体经营户，他经常向班主任请假，谎称自己家中有事而不能到校上课。一次班主任在街上偶遇该生，打电话询问家长，家长称其孩子每日按时上学，按时回家。全然不知自己的孩子既不在家，又不在学校。

感悟：家长养而不教，自由放任。

案例3：我县某中学教师李某，为了提高九年级会考成绩，对学习差的学生讽刺、挖苦，迫使学生"自动"辍学或者转学。毕业会考时又给学生大讲在考场内作弊的技巧。同时，变相迫使一些学习成绩好的学生到他家中补课，从而收取辅导费。

感悟：个别教师不重视师德修养，不配为人师表。

学生世界观的培养应该是一个长期的系统工程。现在教育部发出加强劳动教育，加强美育的通知，这是一个重要的契机，教师应该抓住这个契机，认真学习，根据这些精神重新部署教学并积极执行。

◇初中生开始理解生命是有限的

当前，很多教育学者不约而同地提出要对学生进行生命教育，这不是偶然的。

人类不仅在探索生命的奥秘，更在不断追寻生命的意义。而教育的最终目的，就是为了使人生活得更好，使人的生命更有尊严、更有价值。在实践层面上，教育的成功与失败，往往取决于人对生命的态度。

根据皮亚杰的研究，少年的思维已经处在形式运算阶段。也就是说，少年思维方式出现了变化，他们已经从具体事物中逐渐解放出来，不再像儿童时代那样，必须依靠具体形象来进行思维。思维的发展，有利于少年把注意点朝着未来的方向发展。初中生已经可以思考自己的未来，并开始理解比较抽象的生命现象了。

但是他们由于发展得还不成熟，对生命的认识常常处在脱离现实的状态下。初中生表现出半成熟和半幼稚的矛盾，依赖性和独立性的矛盾，憧憬未来和思维的片面性、自控能力不强的矛盾。初中生整体的"矛盾心理"特点，也从心理层面说明他们对生命的认识处在转折期。

初中生的思维发展到一定高度，只要能够理解"时间的无限性"和"个体生命的有限性"，必然就会意识到"人固有一死"。这个认识虽然痛苦，但其实是个好事，因为这一认识是人开始思考人生价值的前提。

真正理解生命就必须理解死亡。世界上所有的事物，有发生，就有发展，就有消亡。小草时时在生长，用它的千姿百态展现顽强的生命力，但是迟早有一刻，它开始枯萎；太阳每天从东方升起，用炽热的阳光普照大地，但是到傍晚，总要落下山。

如果善于引导孩子观察这丰富多彩的世界，孩子就会十分自然地悟出：人和任何生命一样，有始有终，有生也有死。

这一点对于孩子的成长非常重要。因为一个人对死亡的理解是对生命理解的一部分。不了解死亡，肯定对生了解得不全面；而对生不了解，对死亡也就理解得不透彻。正像一位幽默的智者所说："只有理解死亡的人才是真正活着。"

对于生死这样的大事情，古人早就有过精辟的论述。《太平经》上讲："凡天下人死亡，非小事也。一死，终古不得复见天地日月也，脉骨成涂土。死命，重事也。人居天地之间，人人得一生，不得重生也。"

正是这无情的死亡，才使得生命异常的宝贵，才能促使人们进一步理解、体会生命的本质。既然死亡是不可避免的，那么人们就被迫从提高生的质量上下功夫。

一个人越是比较早地真正认识到这一问题，越能比较早地摆脱无价值的恐惧，从被动、盲目地活着，转向积极地筹划一生，学会如何成为自己和生活的主宰。这样，生命智慧的探讨与生命教育的进行，才有了坚实的基础。

对于死亡的恐惧感，应该说是一切有情感机能动物的本能。恋生避死其实是人类一种正常、健康的心理。

一般来说，人到了少年期，抽象思维得到发展，才能确切地知道时间是无限的，而人生却是有限的；自我意识发展之后，从而意识到所有的人（当然包括自己）毫无例外地，或早或晚都要死去。学生在初中阶段遇到的这个问题，教师必须予以了解和关注。

1. 知道人生是有限的，才可能思考人生

在《一个公民的诞生》中我永远不能忘记那个宁静的九月的一天早晨，上课前，八年级学生科斯加（十四岁）到花园来找我。我从小伙子深沉而又含着忧郁的目光中感到某种痛苦。我问他："出了什么事情，科斯加？"他在长椅上坐下来，叹了口气，问道："怎么会是这样呢？一百年之后谁都不在了——您，我，同学们……柳芭，丽达都不在了……我们都要死的。怎么会这样呢？为什么呢？……"接着，在我们长时间谈过生活和劳动、创造带来的欢乐及人在世上留下的业绩之后，科斯加对我说："那些

信上帝的人大概生活得更幸福。他们相信永生。可是人们总是没完没了地对我们说：人是由什么什么化学物质构成的，人总是要死的，就像一匹马一样……难道可以这样说吗？"

这种思考虽然给科斯加带来了恐惧，但是对于他思考人生价值却是非常必要的。因为世界上任何事物如果是无限多、无限长，那么对于人来说，也就无所谓有价值还是没价值。正因为人生不但有限，且"人生苦短"，这才越发显得生命的珍贵。"物以稀为贵"，那些到处都有，随处可得的东西，谁还会认为它有价值？同样，如果一个人可以无限长地活下去，他还需要考虑怎样使分分秒秒都过得有价值吗？

哲学家海德格尔提出"向死而生"的观点，给世人极大的震动。他认为，人始终以向死而生的方式存在着。如果抛开他那种悲观的论调，去正面理解"向死而生"，我认为可以得出以下几点有意义的看法：

一是死有期限，生有长短。不论长短，每个人的寿命都会有一个期限，我们应该采取"倒计时"的方法，让自己有效地、高质量地享受生命。

二是走向死亡，生在进行。虽然每个人都在走向死亡，但是我们能够把握的、体验的是正在进行中的生。生才是人生的全部意义所在。

三是面对死亡，活出精彩。人能够从容地面对死亡，才能做到轻死重生，积极把握有生之年，让人生更加精彩。人生虽然有限，但是应该向雷锋同志学习："把有限的生命投入到无限的为人民服务之中去。"

一个中学生写道："到了初二，我开始考虑人生的意义。人为什么要活着？这个问题使我思索了很长时间。开始时，我相信自己能长生不老，永存人间。后来又想到小学学过的毛泽东的《为人民服务》中写到的'人固有一死'，那么我也必死无疑了。一想到死，我非常恐惧。而'有的重于泰山，有的轻于鸿毛'，使我决定自己要像张思德那样死得重于泰山。可再思考，我又觉得怎样死是无关紧要的，最重要的是怎样活着。"

对生命有限性的认识，会促使学生思考人生价值。这篇日记，生动地说明：对生命有限性的认识，使少年回到现实生活，发现真实的自己，更加自觉珍惜自己的生命——"我又觉得怎样死是无关紧要的，最重要的是怎样活着。"这句话说得何等好啊！

在北京，我们作的一项调查表明，初中一年级就有72%的同学考虑过人生价值问题，到了初中二年级，每个班只剩下约4%的人没考虑过这个问题，而初中三年级的所有学生都考虑过这个问题。

天津的一项调查也说明："绝大部分少年已经在思考自己的人生目标（占93%左右），其中三分之二的人处在寻找目标或初具模糊目标，仅三分之一的人自认为其人生目标已经确立；他们模糊不定的人生目标，具有不成熟、不稳定的特点，极易受环境和主体状态变化的影响而摆动；目前少年们对人生目标的选择，在开放的生活环境中呈现了多元化的倾向，社会功利原则不再是他们的第一原则。"①

因此，我们不但要引导孩子逐渐懂得时间的无限性和个体生命的有限性，还要进一步引导他们思考人生价值。

据我了解，在人生意义方面，初中生最大的疑虑是：为什么社会上各式各样的价值观和老师讲的、书上写的不一样？这是他们最需要成人帮助的地方。

当前，我国正处在一个社会转型期，多种层次，甚至多种倾向的价值观并存并不奇怪。但是，对于教育和引导我们事业的建设者和接班人——年轻、尚未成熟的初中生，我们则应该毫不含糊地帮助他们，从提倡、做到、理解、抵制四个方面做起：一是提倡向共产主义的，完全、彻底地为

---

① 孟育群、孙少强：《走向成熟——少年社会化研究》，教育科学出版社，1993年出版，第108页。

人民服务的人生价值观迈进；二是当前至少要做到社会主义初级阶段必须做到的"人人为我，我为人人"；三是理解和正确对待那些为了个人利益，但有利于社会发展的人；四是坚决抵制为了自己而危害人民利益的价值观和行为。

2. 自我价值是人内心最根本的追求

自我意识的发展，总是和价值意识的发展相结合，二者的结合产生了自我价值。自我价值是人内心最根本的追求，是人的根本动力。因此，衡量初中教育成败的主要标志，就是学生是否形成正确的自我价值。

童年时代的动力，或物质需要，或兴趣，或成人的夸奖，结合着纪律，教师尚可以使小学生得到发展。而已经成长为比较成熟主体的初中生，追求何种层次的自我价值，就成为他们的主要动力。但是这个转折是极其艰难复杂的，既要清理旧的，又要建立新的，而建立新的又是在十分混乱的环境条件下……，这些对于一个刚刚走向成熟的初中生来说已属不易，再加上"自尊"，又使他们在接受成人的帮助时往往出现人为的障碍，真是难上加难。但是，这个阶段对于人的一生又是如此重要，这会使教师理智地下定决心：再难我们也要做好初中生的教育工作。

从生理、心理发展来看，初中生个体差异也非常突出，有时甚至可以相差4年。同样一个班的学生，有的还像稚嫩的儿童，有的已经是长出胡须的小青年。如果加上走向社会的深度、广度的不同，在主体性成熟程度上看，学生个体差异更大。同在一个班，有的为人处世有点"大叔范"了，但也有的天真幼稚，仍然是个"熊孩子"。因此，在价值观和人生意义的教育上，教师应注意面向个体。

"少年思维中的这些性质上的新特点，是与急剧变化的生理解剖过程联系在一起的，在这一点上做到心中有数，对于教育工作来说意义重大。少年的神经系统有时处于极度的紧张状态：只要稍有不慎，或触及不当，少年就会'暴跳如雷''火冒三丈'。这就要求教育者必须首先对思想和情感领域，对思维与情感之间复杂的相互作用以及意识和潜意识的领域采取非常谨慎和敏锐的态度。应当注意到，在这一时期，在脑皮层下神经中枢内特别强烈地印下了认知和自我认知的情感烙印。"[①]

教育如果不遵循初中时期的规律，初中阶段极容易成为危险期；而如果能遵循初中时期的客观规律，启发学生开始思考人生价值，初中阶段就会成为最佳塑造期。在成人的帮助下，更多的初中生能够开启一个有价值的幸福人生。

3. 人生的含义不只是幸福

探讨自我价值和人生意义，最值得读的是弗兰克尔的《探寻人生的意义》，它应该是初中教师必读的经典。

1942年9月，维也纳知名犹太裔精神病学家和神经病学家维克多·弗兰克尔遭到逮捕。他与妻子和父母被遣送到一个纳粹集中营。3年后，他所在的集中营获得解放时，包括他怀孕的妻子在内的大多数家人都已死去，他却活了下来。

1946年的畅销书《探寻人生的意义》是弗兰克尔用九天时间写就的，记述了他在集中营的遭遇。他在书中得出结论：幸存者与遇难者的区别，归根结底只有一个——意义。而他早早地就领悟了这一点。上中学时，他的一位理科老师告诉全班同学："人生只不过是个燃烧的过程，氧化的过程。"弗兰克尔从椅子上跳起来回应道："先生，如果真是这样，那么人生还能有什么意义呢？"

正如他在集中营里看到的那样，即便在最恐怖的环境下也能找寻到意义的人，远比做不到这一点的人更能承受磨难。弗兰克尔在《探寻

---

① 苏霍姆林斯基：《育人三部曲》，人民教育出版社，1998年出版，第414页。

人生的意义》中写道："人的一切都可以剥夺，只有一样东西例外，那就是人最后的自由——在任何特定环境中选择自己的态度和行为方式的自由。"

弗兰克尔在集中营担任心理治疗师。在书中，他以自己在那里遇到的两个企图自杀的囚犯为观察对象。如同集中营里的许多人一样，这两个人感到绝望，认为人生再也没有指望，没有盼头。

弗兰克尔写道："在这两个案例中，关键问题是要让他们意识到，人生对他们仍然有所指望；未来对他们有所期待。"对其中一个人来说，是当时生活在外国的年幼的孩子。对身为科学家的另一个人来说，是他需要完成的一系列著作。

弗兰克尔又写道："这种独特性和单一性使每个人区别于其他人，让他的生存具有意义，与创造性工作和人类之爱有着同样重要的联系。如果意识到一个人是不可替代的，就会大限度地凸显人对生存及其延续所承担的责任。如果一个人意识到他对另一个满怀感情等待着他的人，或者一部有待完成的作品所承担的责任，就绝不会放弃生命。他知道生存的原因，因此能承受几乎任何方式。"

如今，该书的精粹——注重意义、磨难的价值，对高于自我的东西所承担的责任——似乎与我们的文化格格不入，因为后者更注重追求个人的幸福，而不是探寻意义。

弗兰克尔写道："欧洲人认为，再三命令与要求一个人'幸福'是美国文化的特征。但是，幸福是无法追求的，它必定是个结果。一个人必须有理由才能'幸福'。"

盖洛普民调显示，美国人的幸福程度处于4年来的最高水平。另一方面，疾病防治中心说，将近1/4的美国人不清楚或者不确定他们的人生意义何在。研究表明，人生的目标和意义能提升人的总体幸福感和人生满意度，促进人的精神和生理健康，提高承受力，加强自信心，降低抑郁的可能性。最重要的是，最近的一项研究发现，一味追求幸福却会使人的幸福度下降。弗兰克尔知道："正是对幸福的追求阻碍了幸福。"

由于这个缘故，有些研究人员告诫说，不要追求单纯的幸福。在一项新的研究中，心理学家询问将近400个18—78岁的美国人，他们是否认为自己的人生有意义或者幸福。研究人员在一个月时间里分析他们对意义、幸福和其他许多变量（如紧张度、消费模式和生儿育女）的态度，然后发现有意义的人生和幸福的人生在某些方面有重叠，但归根结底差异很大。这些心理学家发现，幸福的人生与做个"索取者"有关，而有意义的人生与做个"给予者"有关。

研究人员写道："没有意义的幸福是一种相对浅薄、自我专注乃至自私的人生特点。在这样的人生中，万事顺意的需求和欲望能轻易得到满足，艰难或费力的复杂情况能得以避免。"

幸福的人生与有意义的人生有何不同？他们发现，幸福就是感觉良好。具体地说，研究人员发现，幸福的人往往认为生活安逸。他们身体健康，能买得起自己需要和渴望的东西。从社会角度讲，最重要的是追求快乐与自私行为有关，如同上面提到的那样，是做个"索取者"而非"给予者"。

研究人员说，意义不光要超越自我，还要超越当下——这也许是此项研究最重要的发现。幸福是此刻感受到的情感，如同所有的情感一样，终究会烟消云散。积极的影响和愉悦的感觉转瞬即逝。人们说到感觉快乐或不快的时间长短与幸福有关，而与意义毫无关系。

而另一方面，意义是持久的。它连接了过去、现在和未来。研究人员写道："让思维超越当下，进入过去或未来，这是一种相对有意义但不幸福的生活的标志。思考过去或未来的时候常常不会感到'幸福'。"也就是说，较多考虑现在的人比较幸福，较多考虑未来或过去的奋斗和磨难的人虽然不那么幸福，但会觉得人生更有意义。

研究发现，陷入逆境会降低幸福感，但会增加人生的意义。弗兰克尔写道："如果人生尚有意义，磨难就必定有意义。"

弗兰克尔从他经历的不可想象的人生磨难中获得了智慧，而这种智慧在如今与当年一样重要：生而为人，始终重视和专注于某个事物或者自身以外的某个人——或许是有待实现的意义，或许是将要邂逅的另一个人。人越是忘我，越是全身心地服务于一项事业或者爱另一个人，就越富有人性。

通过抛开我们的私利，服务于比我们自身更重要的人或事，通过献身"给予"而不是"索取"。我们不光是在展现我们的基本人性，而且是在承认，快乐人生的意义不仅仅是追求单纯的幸福。

——埃米尔·伊斯法哈尼·史密斯，葛雪蕾译自美国《大西洋月刊》网站，2013年1月9日

◇ "上马扶一程"——帮助初中生走向成熟

其实，不论是让人赞叹的名人，抑或是让人叹息的庸人，还是让人愤恨的坏人，毫无例外，他们都有过青涩的少年期。而初中教师是他们人生旅途中遇到的贵人。在初中阶段，教师需要帮助学生正确地分析原有的认识，"上马扶一程"，以使其建立新的、正确的人生方向。

1. 不要以为初中生永远幼稚

相当多的人以为初中生不会考虑什么人生价值问题，其实"一个人敏锐而又鲜明地用心去认识世界，是从少年开始的"[1]，只不过少年对价值观

---

[1] 苏霍姆林斯基：《育人三部曲》，人民教育出版社，1998年出版，第415页。

的探索是在悄悄进行的。

北京22中的优秀班主任李铁麟老师，深受学生爱戴。有一个学生在毕业的时候，把一本厚厚的日记本，交给李老师，说："老师，您不是特别想研究我们吗？这是我初中三年的日记，写的都是心里话。三天以后还给我。"当李老师转借给我的时候，还有一天就要还回去了，我连夜读完并作了测算，我发现，一个初中生，心里最关心的是三件事情：祖国的前途、人生的理想和友谊。可见，初中生已经不再幼稚，而是开始思考重大问题了。

从人类历史上看，不少十几岁的少年，就有了深入的思考，作出了人生的重大决定。例如：宋庆龄在13岁那年，听到父亲和孙中山先生在客厅讨论革命起义的事情，就走出来对孙中山先生说："我要参加你们的革命！"孙中山先生说："搞革命会被杀头的……"她回答道："要搞革命就不怕杀头。"茅以升14岁那年，在家乡观看端午节龙舟比赛，亲眼看到桥被挤塌，人们纷纷落水。他下决心要修世界上最好的桥，后来他成为世界著名的桥梁专家。爱因斯坦在中学读书的时候，每天放学之后，都要约两位好朋友在路边讨论问题，全世界各种科学问题，都是他们关注的内容。他们把这种"学习组织"叫作"奥林匹亚科学院"。成年之后，他们三个人都成了科学家。

2. 榜样人物能够起到重要的作用

少年在寻找人生方向的时候，榜样人物能够起到重要的作用，因为少年还不能完全从理性层面上思考人生，还需要大量的感性形象、具体事件帮助他们思考。"少年期是树立理想的时期，很重要的是要使一些人的形象进入每个少年的智慧和心灵中，那些人的生活应该成为他们的榜样。"①

这时候他们的认识仍然摆脱不了片面性、表面性，所以他们往往是狂热地崇拜自己欣赏的人，肤浅地模仿榜样人物的外表。但是"爱屋及乌"，他们在模仿的过程中会慢慢地把所崇拜人物的价值观也吸收过来。所以，成人应该关注他们选择的榜样人物是否恰当（主要体现在价值观方面），模仿的内容是否深刻，然后慢慢引导。

其实，对少年潜移默化影响更大的是身边的人物。所以作为孩子的父母和老师，应该不断学习，提高自己，通过言传身教，引导他们逐步走向成熟。有一位优秀教师，至今还记得他的初中老师说的几句话，这些话竟然对他产生了终生的影响。

有一天，我问张老师："如果希特勒死于1938年，今天的世界会变成什么样子，人们又会怎样评价他？"张老师斩钉截铁地对我说："历史没有如果，人生也没有如果，要好好把握现在。"

有一天，我看完《三国演义》，心里很矛盾，因为书里一方面歌颂关羽和赵子龙这样的英雄；另一方面又写到"白发渔樵江渚上，惯看秋月春风""古今多少事，都付笑谈中"。于是我就问张老师："男人到底要做英雄还是要甘于平庸？"

张老师语重心长地对我说："男子汉大丈夫，横行于天地间，即使变成一颗流星，粉身碎骨，也要闪烁一下，照亮天空！"我一直记着张老师的话。②

◇多元文化背景下的核心价值观怎样培养？

现在，人们思想活动的独立性、选择性、多变性和差异性在不断增强，

---

① 苏霍姆林斯基：《育人三部曲》，人民教育出版社，1998年出版，第462页。
② 叶志刚：《北大教父》，清华大学出版社，2014出版，第229页。

社会思想空前活跃，人们的价值观也呈现多元化。初中生接触的社会思潮中，既有积极向上、科学正确的主流思想，也有过时、陈旧的封建思想，还有拜金主义、极端个人主义、自由主义、享乐主义等。在这种思想大活跃、观念大碰撞、文化大交融的时代背景下，培养学生形成社会主义核心价值观具有时代性和重大意义。

世界观、人生观和价值观是不可分割的。有什么样的世界观，就有什么样的人生观。人生观是世界观的主要内容。而人生观的核心，人生观的取向，取决于价值观。

"在学生的全部思想中，首先应当揭示各种观念、真理、规律性的世界观实质。正确认识周围世界的各种现象，有利于形成少年的道德信念、人的自尊感并促进创造性思维的发展。"[①]我们的教育为什么出现这么多问题？其中一个原因就是世界观教育不到位。当社会上充斥着"人都是自私的""相信有下辈子"等错误的世界观时，教育界并没有进行强有力的反击和科学教育。在这种情况下产生凶残暴力、自杀、极端自私等现象，就不足为奇。

所以，我们探索初中生的人生意义培养问题，就是要抓住自我价值这个问题。

1. 怎样对初中生进行价值观引导？

对初中生的所有引导中，最核心的是价值观引导。所谓价值观引导就是引导他们逐渐悟出要做的事情的意义是什么，最终帮助他们悟出人生的意义是什么，悟出一个人怎样才能获得真正的幸福生活。教师像灯塔一样，一直照亮孩子的人生道路。

这种价值观引导，并不是空洞的说教，而是在日常生活中结合具体事

---

① 苏霍姆林斯基:《学生的精神世界》，教育科学出版社，1981年出版，第108页。

件，采取对话、谈心、座谈等方式，自然而然地进行。

2. 参加劳动，经常做好事

通过劳动进行价值观引导，是一个重要的方面。苏霍姆林斯基指出："自然界（学校实验园地、温室、畜牧场）中的劳动，是一个人的自我表现的重要源泉，没有它也就谈不上什么世界观的培养。这首先是思想上的和社会生活中的自我表现，一个人是在为其他人的劳动中认识自己的创造力量的。"①

引导孩子通过当志愿者，"做好事"去建立正确的价值观，是一个好方法。苏霍姆林斯基说："我力图使我所有的学生做好事（帮助同学或其他人）是出自内心的需要，并因此而感到极大的满足。教人做好事，就要这样去做，这想必是道德教育最困难的问题之一。那么，在实践中该怎么办呢？看来，最主要的是要发展孩子的内在力量，人有了这种力量，就不会不去做好事，也就是说，最主要的是要教孩子同情别人。"②

"引导少年去体验人与人之间微妙的相互关系，这是非常重要的。我设法使每一个少年都能亲自遇到一个要求帮助、需要同情的人。这种情况下产生的纯粹个人的内心活动是任何集体性的措施都代替不了的……"③

"年复一年努力才使我明白，怎样才能促使少年对自己进行反思，对自己的命运进行深刻的思考。不会尊重自我的人，也就不会是一个道德上纯洁和精神上丰满的人。我们最重要的教育手段，就是真正尊重自己学生的人格。我们要用这个手段创造出非常细腻而又精密的东西——做一个好人，做一个今天比昨天还要好的人的愿望。这种愿望是不会自发产生的，必须

---

① 苏霍姆林斯基：《育人三部曲》，人民教育出版社，1998 年出版，第 438 页。
② 同上，第 254 页。
③ 同上，第 354 页。

经过教育才能培养起来。我们社会的性质本身以及社会基础要求我们，要把这种真诚的愿望（受教育者希望自己成为一个更好的人，教育者则希望看到受教育者成为一个比现在更好的人）作为连接教育者和受教育者的重要纽带。"①

3. 除了依靠集体，还需要面向个体

多年的工作经验使我们深信，和初中生进行朋友式的个别谈话，就如同需要以集体去影响个人精神世界一样，必不可少。

苏霍姆林斯基特别重视语言教育，他说："我认为，影响少年心灵的最细腻的方法是语言与美。有一段时间曾经批评学校的教育'染上'说空话的毛病。这个批评（它的余音至今还萦绕耳边）是一种误解，造成了很大的惊恐。用语言进行教育，是现代苏维埃学校致命的薄弱环节。有些学校由于没有正确而有效地用语言来进行教育，因此就出现了许多重大的弊病。用语言进行教育这个问题，是最重要、最迫切的课题之一。我认为，它首先需要从理论上和实践上加以研究。缺乏语言教育的高度修养，就无法培养人们具有细腻的内心世界并确立高尚的道德情感关系。多年的经验证明，教师的话会在幼儿、少年和男女青年身上激发起人的感情，使他们都能深深感受到，自己身边的人也都有他们自己的喜怒哀乐、情趣爱好以及各种需求。"②

总体来说，初中生探讨人生价值，必须有四个基石：一是对生命的认识。没有对生命的珍视与理解，就没有对人生意义探讨的可能性。二是对人类本质的认识。不理解人类本质，不理解人类的人性、社会性、劳动、主体性本质，就不可能明白人生意义。三是对人生是为了自己还是为了社会这二者之间的一致性的理解。这是理解人生价值的关键。四是理解幸福

---

① 苏霍姆林斯基：《育人三部曲》，人民教育出版社，1998年出版，第345页。
② 同上，第351页。

和人生意义的区别与联系。

让我们经常重温以下至理名言："没有意义的幸福是一种相对浅薄、自我专注乃至自私的人生特点。""我们不光是在展现我们的基本人性，而且是在承认，快乐人生的意义不仅仅是追求单纯的幸福。"

图书在版编目（CIP）数据

读懂初中生：给初中教师的建议/冉乃彦，万巧丽，徐娜著 . —上海：华东师范大学出版社，2018

ISBN 978-7-5675-8024-4

Ⅰ.①读 ... Ⅱ.①冉 ...②万 ...③徐 ... Ⅲ.①初中生—心理健康—健康教育—研究 Ⅳ.①G444

中国版本图书馆 CIP 数据核字（2018）第 161917 号

大夏书系·教育艺术
读懂初中生：给初中教师的建议

著　　者　冉乃彦　万巧丽　徐　娜
策划编辑　任红瑚
审读编辑　万丽丽
封面设计　淡晓库

出版发行　华东师范大学出版社
社　　址　上海市中山北路 3663 号　邮编　200062
网　　址　www.ecnupress.com.cn
电　　话　021-60821666　行政传真　021-62572105
客服电话　021-62865537
邮购电话　021-62869887　地址　上海市中山北路 3663 号华东师范大学校内先锋路口
网　　店　http://hdsdcbs.tmall.com

印　刷　者　北京密兴印刷有限公司
开　　本　700×1000　16 开
插　　页　1
印　　张　12.5
字　　数　171 千字
版　　次　2018 年 8 月第一版
印　　次　2021 年 3 月第二次
印　　数　6 101—8 100
书　　号　ISBN 978-7-5675-8024-4/G·11311
定　　价　36.00 元

出版人　王　焰

（如发现本版图书有印订质量问题，请寄回本社市场部调换或电话 021-62865537 联系）